Wolfgang Ullrich

Alles nur Konsum

Wolfgang Ullrich

ALLES NUR KONSUM

Kritik der warenästhetischen Erziehung

Verlag Klaus Wagenbach Berlin

Wagenbachs Taschenbuch 699
Originalausgabe

3. Auflage 2014

Umschlaggestaltung Julie August unter Verwendung einer Fotografie von Wolfgang Ullrich. Reihenkonzept Rainer Groothuis. Das Karnickel auf Seite 1 zeichnete Horst Rudolph. Gesetzt aus der Caslon und der Imago von Julie August und Sebastian Koth. Vorsatzmaterial von Schabert, Strullendorf.
Gedruckt auf chlor- und säurefreiem Papier (Schleipen) und gebunden bei Pustet, Regensburg.

ISBN 978 3 8031 2699 3

Inhalt

Barry Schwartz
ANLEITUNG ZUR UNZUFRIEDENHEIT
Friedrich Schiller
Barber
Consumed!
Marken
JodSalz
BLACK PEPPER
NON
STOP!
Naomi Klein

I Fiktionswerte

Sich in der Gegenwart zu langweilen, erscheint heute nahezu unmöglich; im Unterschied zu Intellektuellen anderer Epochen braucht man in keine Vergangenheit oder Zukunft zu flüchten. Dafür besteht die Chance, sich die eigenen Lebensverhältnisse durch Analyse und Reflexion vertrauter zu machen und ihnen mit größerem Einverständnis zu begegnen. Illusorisch ist jedoch, die zahlreichen parallelen Entwicklungen gleichermaßen zu identifizieren und zu erfassen. Vielmehr denkt der eigenen Zeit immer schon hinterher, wer über sie nachdenkt.

Einer der Bereiche, die erst ungenügend begriffen wurden, ist die Konsumkultur. Dabei ist schon die Vokabel ›Konsumkultur‹ unscharf. Zuerst signalisiert sie nur ein gewisses Wohlwollen: Produkte – von der Fertigpizza über die Hautcreme bis zum Toaster oder Automobil – werden nicht als banal ausgegeben; vielmehr erkennt man sie als etwas an, das Bedeutungen schafft, Rituale hervorbringt und zum Selbstverständnis der Menschen beiträgt. Wer dem folgt, verhandelt ›Konsumkultur‹ im Verhältnis zu Medien, Schule, Religion oder Kunst. Und wer als Grundlage aller Waren Gestaltung ansieht, erblickt im Konsum ein relevantes Feld der Ästhetik und macht sich vielleicht sogar Gedanken über eine warenästhetische Erziehung des Menschen.

Mit dieser Formulierung auf Friedrich Schiller und seine Briefe *Über die ästhetische Erziehung des Menschen* anzuspielen heißt jedoch nicht zwangsläufig, eine Analyse der Konsumwelt genauso parteiisch anzugehen wie jener seine Überlegungen zur

Kunst. Etwas ernst zu nehmen und sich für etwas einzusetzen, ist vielmehr zweierlei. Und wer Ersteres vorhat, wird auf eine distanzierte Betrachtung Wert legen, um die Chance zu nutzen, den Untersuchungsgegenstand von verschiedenen Seiten in den Blick zu nehmen und diversen Vergleichen auszusetzen. Es geht dann um Unterscheidung und damit um Kritik in der ursprünglichen Bedeutung.

Unterscheidungen sind auch deshalb angebracht, weil Konzepte einer warenästhetischen Erziehung des Menschen älter sind als die moderne Konsumwelt mit ihren Massenprodukten. So boten die meisten Designtheorien – von Gottfried Semper über den Deutschen Werkbund bis hin zur Ulmer Hochschule für Gestaltung – vor allem Paraphrasen auf die Idee der ›guten Form‹. Sie alle suchten nach Wegen von der Ästhetik zur Ethik. Doch da sie durchweg funktionalistisch orientiert waren, huldigten sie, oft kaschiert als Postulat einer Geschmacksbildung, einseitig einer Perfektionierung des Gebrauchswerts der Dinge. Die »entschiedene Hervorhebung des rein Zweckmäßigen«, die »glatte, auf das Nützliche reduzierte Form« sowie eine »Abstoßung alles nicht direkt zur Sache Gehörenden« war das Ideal, wie es Hermann Muthesius, Mitbegründer des Deutschen Werkbunds, zu Beginn des 20. Jahrhunderts formulierte. Schmuck und Überhöhung lehnten er und seine Mitstreiter in Theorie und Praxis hingegen ab, denn nur »das Kind schwelgt im Phantastischen«, also in Geschichten und Surrogaten.[1]

Was über den Funktionalismus hinausging, unterlag während der gesamten Moderne dem Verdacht der Täuschung, der durch tauschkritische Topoi linker Denktraditionen noch bestärkt wurde. Dann unterstellte man den Produzenten von Waren – und gerade von Alltagsprodukten – Manipulation, hielt ihnen falsche Gebrauchswertversprechen – Lügen – vor oder nahm gar groß angelegte Verschwörungen an. Der Konsument wurde als der Unterdrückte, Fremdbestimmte, Ausgebeutete und Betrogene gesehen, und statt Erziehung sah man Verführung am Werk. So etwa beim Philosophen Wolfgang Fritz

Haug, der den Begriff der Warenästhetik 1963 in Fortschreibung marxistischer Denkfiguren einführte. Er entschied sich seinerseits für die Methode der Kritik, verstand diese jedoch ausdrücklich als Erforschung der »Bedingung für die Wirkungsmöglichkeit der Manipulation«.[2] Seine 1971 publizierte *Kritik der Warenästhetik* wurde zu einem Standardwerk mit internationaler Verbreitung; mehrere Generationen von Pädagogen bemühten sich fortan ihrerseits um Aufklärung: damit Produktinszenierungen »durchschaut werden können als eine Form der Überwältigung«.[3]

Drei Jahrzehnte später liest man bei Naomi Klein – geboren im Jahr des Erscheinens von Haugs Buch – noch im selben Tonfall die Warnung vor Markenprodukten, die alles erobern, nicht nur den gesamten Lebensalltag des Menschen, sondern auch »metaphorischen Raum«, also seine Gedanken, seine Urteilskraft, sein Geschmacksempfinden: »Der Raumverlust findet im Innern des Individuums statt, und es wird kein realer, sondern mentaler Raum kolonialisiert.« Dass einzelne Produkte, wenn sie mehr als nur Gebrauchswerte besitzen, vielleicht auch positiv beeindrucken oder motivieren – gar erziehen – können, wird dabei ignoriert. So als gebe es am Grund der Seele ein wahres, authentisches Selbst, das man schützen müsse, gilt es vielmehr als Skandal, dass die Identität der Menschen schon »weitgehend vorgeprägt« werde: »Die Suche nach ihrem Selbst war von Anfang an von der trügerischen Welt des Marketing bestimmt.«[4]

Äußerungen zufriedener und engagierter Konsumenten, die sich weniger überwältigt und kolonisiert als vielmehr orientiert fühlen, sich emotional zu einer Marke bekennen oder Kennerschaft hinsichtlich der Unterschiede von Produktvarianten entwickeln, werden dann einseitig als Ausdruck totaler Entfremdung gedeutet. Doch ist wirklich nur verblendet und korrumpiert, wer bestimmte Produkte kauft, um sich für sich selbst oder gegenüber der Außenwelt zu definieren? Jemand wie Florian Illies, ebenfalls 1971, im Erscheinungsjahr von

Haugs Buch, geboren, lieferte mit *Generation Golf* (2000) einen – seinerseits einseitigen – Gegenentwurf zu dieser Unterstellung: Für ihn sind Produkte emotionale Biografiemarker, oder sind dies zumindest geworden, seit viele von ihnen als Markenartikel aufwendig inszeniert werden und funktionalistische Maßgaben ausdrücklich hinter sich gelassen haben. Durch die alltäglichsten Massenartikel – Nahrungsmittel, Kosmetik, technisches Zubehör – lässt sich eine Identität für Gruppen wie für Individuen aufbauen, in ihnen verdichtet sich Lebenserfahrung oder auch eine Form von Erziehung: »Der Kauf bestimmter Kleidungsstücke ist«, so Illies, »wie früher die Lektüre eines bestimmten Schriftstellers, eine Form der Weltanschauung geworden. In dem, was ich kaufe, drückt sich aus, was ich denke.«[5]

Viele herkömmliche Kritiker des Konsums mögen, bildungsbürgerlich konditioniert, eine solche Parallelisierung von Literatur und Konsumprodukten als frivol empfinden. Doch blenden sie voreilig aus, dass die meisten hochkulturellen Artefakte ebenfalls in kommerziellen Zusammenhängen entstanden und insofern – auch – Waren sind, zumindest aber an ein Publikum adressiert und daher so gestaltet werden, wie es dessen Erwartungen entspricht. (Selbst der Gestus der Verweigerung oder Provokation, häufig zum Zeichen des Hochkulturellen und Autonomen erklärt, bleibt ex negativo sehr genau auf das Empfinden eines Publikums bezogen!) Umgekehrt haben viele Produkte heutzutage eben nicht nur eine Funktion, sondern auch ein Image. Sie weisen als Teil eines Lebensstils oder Zeitgeists über sich hinaus, mit ihnen werden gezielt Assoziationen geweckt. Damit aber bieten sie Inszenierungen von Emotionen, Handlungen, Situationen und gehören in die Welt des Fiktionalen, die aus weit mehr besteht als nur aus kindlichen Phantasien: Sie sind – auf welchem Niveau auch immer – genauso eine Leistung der Einbildungskraft wie der Plot eines Films oder eine Romanfigur.

Wie sehr im Fall der Konsumwelt abgelehnt wird, was bei Formen traditioneller Hochkultur Anerkennung findet, zeigt sich auch daran, dass kaum jemand einen generell negativen Begriff von Überwältigung hat. Vielmehr gehört es zu den festen Hoffnungen etwa des Kunstpublikums, von Werken in den Bann gezogen zu werden. Ästhetische Erziehung wird dann nicht selten als ein Akt begriffen, der das Bewusstsein des Rezipienten völlig ausfüllt. Es gibt eine Sehnsucht nach einer starken Wirkung der Kunst, der man sich gerne unterwirft. So äußerte der Kunsthistoriker Max Imdahl, ebenfalls 1971, den Wunsch, der Kunst »unausweichlich ausgeliefert« zu sein; als Betrachter wolle er »unmittelbar getroffen und überwältigt« werden.[6]

Doch warum sollte man für die Kunst gutheißen, was für Konsumprodukte abgelehnt wird? Lässt sich wirklich so einfach zwischen positiven und negativen Formen der Überwältigung unterscheiden? Böte es sich nicht vielmehr an, in doppelter Weise Ideologiekritik zu betreiben: sowohl gegenüber den Liebhabern der Kunst als auch gegenüber den Verächtern des Konsums? Dann hätte man zu analysieren, inwiefern die einen eventuell zu unterwürfig und, aus einer diffusen Heilsbedürftigkeit heraus, zu unkritisch sind. Und man würde erörtern, ob die anderen, im Gegenteil, unter einem Übermaß an Misstrauen leiden.

Dass sich Kunstwerke und Konsumprodukte jeweils in Kategorien des Fiktionalen und der Inszenierung beschreiben lassen, kann in jedem Fall ein Anlass sein, sie miteinander zu vergleichen. Dabei geht es nicht darum, Parfüms, Elektrogeräte oder Küchenzubehör mit Architektur, Romanen und Theateraufführungen gleichzusetzen und damit pauschal aufzuwerten. Vielmehr genügt es, sie nicht gleich als Form von Betrug abzuqualifizieren, nur weil sie der Maxime ›form follows function‹ widersprechen. Dafür untersucht man im Einzelfall, mit welcher Absicht und Wirkung ein Produkt inszeniert ist und wie das sowohl unter ästhetischen als auch unter gesellschaftspolitischen Gesichtspunkten einzuschätzen ist.

Wer erst einmal anfängt, Konsumprodukte auf diese Weise zu analysieren, kann auch von der Kunstwissenschaft lernen. Immerhin werden dort Stühle, Lampen und Geschirr schon längst ähnlich gewissenhaft erforscht wie Gemälde und Skulpturen. Doch während sich Kunsthistoriker den Werkstücken meist erst zuwandten, wenn sie schon Jahrhunderte alt waren, geht es bei der Einschätzung von Konsumprodukten vor allem um aktuelle Designs. Und während man sich bisher vornehmlich Einzelstücken oder den Werken von Autorendesignern widmete, besitzen industrielle Massenartikel mittlerweile eine so große Verbreitung und gesellschaftliche Relevanz, dass ihre Erforschung erhellender erscheint. Dennoch können gerade Interpretationen von Klassikern des Kunstgewerbes Kriterien liefern, nach denen auch aktuelle Konsumartikel zu beurteilen sind.

So ist es für die Betrachtung heutiger Pfeffermühlen und Salzstreuer hilfreich, auf ein Stück wie die *Saliera* des Benvenuto Cellini zu blicken, das wohl berühmteste für Salz und Pfeffer angefertigte Gefäß, das in den 1540er Jahren am Hof Franz' I. in Fontainebleau entstand. Das Würzen von Speisen dürfte kaum einmal aufwendiger und fiktionalisierender inszeniert worden sein, und nachdem Cellini seinen Entwurf vorgelegt hatte, bestanden sogar ernsthaft Zweifel, ob eine so komplex-kleinteilige Goldschmiedearbeit überhaupt ausführbar wäre.[7]

Entsprechend seiner Herkunft aus dem Meer wird das Salz in einem kleinen Schiff aufbewahrt, während für den Pfeffer ein Tempel vorgesehen ist. Ihm ist Tellus, die Göttin der Erde, zugeordnet, die Cellini in einem Tête-à-Tête mit Neptun, dem Gott des Meeres, zeigt. Beide sind nackt; sie sitzen einander gegenüber, wobei Tellus die Aufmerksamkeit Neptuns mit ihrer Hand weckt, die gerade ihre linke Brust umfasst. Man ahnt, dass sie den männlichen Gott im nächsten Moment mit ihrem rechten Fuß zart an der Wade berühren wird. So erhält das Würzen nicht nur eine mythologische Dimension, sondern gerät zum erotischen Akt. Es wird zum Symbol für eine Vermählung der Elemente und der Geschlechter.

Zwar waren Gewürze im 16. Jahrhundert teuer und fungierten ähnlich wie Gold sogar als Währung, doch musste die Präsentation der Verwendung von Salz und Pfeffer als kosmisches Ereignis auch damals als Überhöhung empfunden werden. Neben den Göttern sind in der Sockelzone der *Saliera* zudem die Jahres- und Tageszeiten dargestellt: Die gesamte Ordnung von Welt und Natur ist aufgerufen, wenn es eigentlich nur darum geht, einer Speise etwas mehr Geschmack zu verleihen.

Cellinis *Saliera* war ein Unikat, das andere Behältnisse für Gewürze überbieten sollte, um die herausgehobene Stellung des Königs als Auftraggeber und Besitzer zu manifestieren. Zugleich sollte durch die Zelebrierung der Gewürze die Politik Franz' I. legitimiert werden, der gerade Salz hoch besteuern ließ: Je wertvoller es erschien, desto eher wurde eine entsprechende Steuer auch akzeptiert.[8] Der Pfeffer hingegen brachte imperiale Ansprüche zum Ausdruck, zeugte es doch von weitreichender Macht, wenn man Zugang zu den Ländern hatte, in denen der Pfeffer wuchs – dies war im 16. Jahrhundert keine Selbstverständlichkeit.[9]

Da heutige Konsumprodukte fast immer Massenartikel sind, können sie in der Inszenierung nicht im selben Grad individuelle Interessen bedienen wie das berühmte Vorbild. Aber auch hier wird mit verschiedenen Formen der Überhöhung und Fiktionalisierung versucht, das Würzen zu einem Ereignis zu machen oder dem Konsumenten zu schmeicheln. Ist eine Pfeffermühle elektrisch, gar mit einem Licht versehen, das die Speise auf dem Teller während des Würzens anstrahlt, so als müsste

die Einflugschneise für den Körnerschrot ausgeleuchtet werden, zelebriert der Nutzer einen technoiden Präzisionsakt. Glatte, glänzende Materialien wie Metall und Glas steigern den Eindruck von Perfektion. Dagegen lässt eine manuell zu bedienende Mühle aus Holz das Pfeffern als redliches Handwerk erscheinen. Das Geräusch, das beim Zerkleinern der Körner entsteht, bestätigt die vollbrachte Leistung. Ist die Mühle sechzig, gar achtzig Zentimeter groß, gerät das Würzen erst recht zu einer eigenen Arbeit. Mit ihr wird die Speise vollendet und wie mit einer Signatur gewürdigt.

Sosehr sich die Nutzer der elektrischen und der manuellen Mühle als Profis fühlen dürfen, die keine Gleichgültigkeit zulassen und gewissenhaft vorgehen (und dann auch möglichst hochwertige, naturbelassene, ursprünglich erscheinende, vor allem aber teure Gewürze benötigen), so sehr läuft umgekehrt jemand, der lediglich einen einfachen Pfefferstreuer verwendet, Gefahr, als Banause dazustehen. Im Unterschied zu den ambitiösen Gerätschaften wird das Gewürz über dem Essen dann nur ausgeschüttet, so als gelte es, einen Mangel ungeduldig und etwas unwillig zu kompensieren.

Hersteller lassen sich auch heute nicht entgehen, dass man Salz und Pfeffer als Kontrast oder Wechselspiel in Szene setzen kann, und gerade die Pole ›männlich‹ und ›weiblich‹ sind nach wie vor beliebt.

Anders als bei Cellini ist das Salz dann meist als weiße weibliche Figur verkörpert, der eine schwarze männliche Figur für den Pfeffer gegenübersteht. Das Schablonenhafte der Gestaltung ist der industriellen Produktion geschuldet, die in möglichst wenigen Fertigungsschritten ablaufen soll. Subtilere Elemente – so feine Gesten wie bei der *Saliera* – sind daher nicht möglich.

Cellini hatte auch insofern bessere Voraussetzungen, als er sich nur nach einem Auftraggeber und dessen Geschmack und Selbstverständnis zu richten hatte. Ein heutiger Produzent hingegen ist darauf angewiesen, viele Konsumenten zu erreichen. Er muss Kompromisse eingehen, um unterschiedliche Erwartungen zugleich zu erfüllen. Statt sich wie Cellini darauf konzentrieren zu können, eine Idee virtuos und individuell zur Geltung zu bringen, muss sich der Massenproduzent zudem überlegen, mit welchen Effekten oder Versprechungen er überhaupt Interesse für seine Waren wecken kann. Vielleicht setzt er auf den ›Point of Sale‹, also darauf, mit einem Gag im Design zu einem Spontankauf zu veranlassen. Oder er vermittelt dem Konsumenten die Fiktion, durch ein Produkt geadelt, zu einem Kenner, Moralisten oder Sieger gemacht zu werden. Oder er verheißt eine erhöhte Funktionalität, eine besondere Wertigkeit des Materials, ein günstiges Preis-Leistungsverhältnis, Exklusivität, etwas Innovatives, ein Geheimnis.

In marxistischer Argumentation geschehen all diese Maßnahmen nur mit Blick auf den Tauschwert. Ihn gilt es aus Herstellersicht zu erhöhen, um möglichst viel Gewinn zu machen. In ihm drückt sich also der Warencharakter eines Produkts aus, das ganz darauf hingetrimmt wird, zu imponieren – zumindest so lange, bis es verkauft wurde. Täuschung ist, so wird unterstellt, bei der Bemühung um einen hohen Tauschwert schon angelegt; wichtiger als die Qualität des Produkts ist der Anschein, den es erweckt. Für jemanden wie Wolfgang Fritz Haug sind Waren somit »Schein, auf den man hereinfällt«.[10]

Abgesehen davon, dass ein Hersteller oder Verkäufer den Kunden oftmals gar nicht betrügen könnte, ohne seine Chancen auf dem Markt einzubüßen, wird hier nicht hinterfragt, ob Eigenschaften, die dem Produkt zuerst nur mit Blick auf eine bessere Verkäuflichkeit verliehen wurden, nicht auch dauerhaft dessen Gesamtwert erhöhen können. Zumal in Angebotsmärkten einer Wohlstandsgesellschaft – die es zu Zeiten von Marx noch nicht gab – müssen Produzenten mehr offerieren als ihre jeweiligen Mitbewerber. Ein Hochrüsten als positiv empfundener Eigenschaften ist zwangsläufig, und der auf Funktionalität beschränkte Gebrauchswert wird um andere Dimensionen erweitert. Plötzlich ist neben der Tauglichkeit oder Haltbarkeit eines Produkts entscheidend, welche Emotionen es auslösen kann, ob es zum Repräsentanten bestimmter Werte taugt oder wie stark die Identifikationsanreize sind, die es dem Konsumenten bietet. Sosehr es darum gehen mag, das Produkt gegen Konkurrenz auf dem Markt durchzusetzen, so sehr verändern die zusätzlichen Features seinen Charakter. Daher ist es unangemessen, diese zusätzlichen Eigenschaften nur als negative Form von Schein – als etwas, worauf der Konsument hereinfällt – darzustellen.

Allein die Tatsache, dass der Milliardenmarkt der Marktforschung nahezu ausschließlich der Analyse jener ergänzenden Aspekte dient, legt mehr als bloß kurzfristige Tauschwertinszenierungen nahe. Nur für sie gäbe man nämlich kaum so viel Geld aus. Ergebnisse der Marktforschung fließen auch nicht erst in die Konzeption von Werbekampagnen ein, vielmehr sind sie Ausgangspunkt der Planung neuer Produkte. In den letzten Jahrzehnten stellt das Marketing nicht mehr die letzte, sondern vielfach die erste Stufe bei der Warenentwicklung dar:

Ingenieure, Chemiker oder Logistiker müssen umsetzen, was Marketing und Marktforschung ihnen vorgeben, während es früher umgekehrt war. Galt es damals oft, Werbung zu machen, um ein rückständiges oder mit Schwächen behaftetes Produkt doch noch attraktiv erscheinen zu lassen, haben in den letzten Jahren traditionelle Formen der Werbung – in Zeitschriften, im Fernsehen und Kino, auf Bill-Boards – an Bedeutung verloren. Nur noch selten warten sie mit originellen Ideen oder neuen ästhetischen Effekten auf.

Da die Inszenierung zur Grundlage jeder Phase und Facette der Produktentwicklung geworden ist, haben sich die käuflichen Dinge zu Mehrzweckinstrumenten aufgeladen, die, oft in zahlreichen Varianten, heterogenen Erwartungen von Konsumenten entsprechen. Und wie eine Pfeffermühle inzwischen auch gekauft wird, damit sich der Käufer (und Nutzer) als Profi fühlen oder gegenüber Gästen Eindruck machen kann, gibt es von Joghurt über Kosmetikcremes bis hin zu Tees oder Mineralwasser kaum noch etwas, das nicht auch Psychotherapie, Energie, Entspannung, Erfolg, Authentizität oder gutes Gewissen in Aussicht stellt. Diesen Versprechungen korrespondieren jeweils eigene Formen der Gestaltung.

Im Produktdesign hat damit dieselbe Entwicklung stattgefunden, die man für die Architektur schon in den 1980er Jahren erkannt und analysiert hat. Damals war es vor allem der Kunsthistoriker Heinrich Klotz, der die Überwindung des modernen Paradigmas des Funktionalismus begrifflich fasste und dabei den Terminus ›Postmoderne‹ stark machte. Darunter verstand er das Phänomen, dass »zur bloßen Nutzenerfüllung [...] ›grenzüberschreitende‹ Inhalte hinzu[kommen]«, welche die Architektur »als Medium zur zweckübersteigenden Darstellung ›erfundener Welten‹, also Mittel des Fiktiven nutzen«. So werde durch Gebäude postmoderner Architekten wie Robert Venturi oder Hans Hollein »im Sinne eines Illusionismus eine ›schöne Welt des Scheins‹ kreier[t]«. Infolge eines Anspruchs »auf den fiktiven Charakter der Architektur« pflege die Postmoderne einen Stilpluralismus, wobei die verschiedenen Stilelemente wie Teile eines Zeichensystems dazu dienten, Assoziationen, Symbolisierungen und Narrative zu erzeugen. Architektur werde zum »Zeichenträger« und gehöre damit im weitesten Sinn zur Poesie und »Welt der Phantasie«. Daher gelte: »Nicht nur *Funktion*, sondern auch *Fiktion*!«[11]

Dem Produktdesign wurde eine vergleichbare Untersuchung, wie Heinrich Klotz sie für die Architektur geleistet hat, bisher wohl deshalb noch nicht gewidmet, weil die Fiktionalisierung hier erst später an Bedeutung gewonnen hat. Nach und nach wurden alltägliche Produkttypen erst seit den 1990er Jahren von Metaphorisierungs- und Inszenierungswellen erfasst und einem Redesign unterzogen. Mittlerweile allerdings ist die Welt der Konsumprodukte wichtiger für die Fiktionsbedürfnisse des Menschen als die Architektur, zumal die postmodernen Prinzipien auf relativ wenige repräsentative Bauten beschränkt geblieben und nicht massenhaft zur Anwendung gelangt sind. Dass der Stellenwert des Inszenatorischen und Scheinhaften für die Konsumprodukte dennoch lange kaum diskutiert wurde, ist auch Folge jener funktionalistisch-linken Konsumkritik. Sie diskreditierte das Fiktionale so stark, dass es als eigener Gegenstand, gar als relevantes Phänomen nicht in Frage kam.

Insofern jedoch für Konsumkritiker wie Haug jegliche Produktinszenierung ein moralisches Problem – eine Form von Täuschung und Lüge – ist, wird nicht nur der Modernismus von Institutionen wie dem Deutschen Werkbund radikalisiert, sondern zugleich eine Tradition fortgeschrieben, deren Ursprünge bis Platon zurückreichen. Schon dieser setzte polemisch Fiktion und Lüge gleich, als er die Dichter und Künstler aus seinem idealen Staat ausschloss. Ihre Werke seien »in großer Ferne von der Wahrheit« und damit seinsschwach. Ihn störte, dass sie dieselben Phänomene je nach Interesse anders – und damit pluralistisch – in Szene setzen, einen Gegenstand also einmal schön und wichtig, ein anderes Mal hässlich und belanglos darstellen können. Willkür und Irrationalismus seien damit unumgänglich, die Maßstäbe gingen verloren. Schließlich gerieten die Menschen in eine »gereizte und wankelmütige Gemütsstimmung« und würden von einem Dichter oder Künstler zusätzlich emotionalisiert, da dieser das Triebhafte eigens »nährt und begießt, das doch ausgetrocknet werden sollte«. So könne man auch nur eine »kindische und gemeine Liebe« zu Dichtung und Kunst entwickeln.[12]

Ähnlich spricht Haug davon, die Warenästhetik mache »allgemein lüstern« und führe die Konsumenten zu »Triebunruhe«.[13] Andere Konsumkritiker erheben ebenfalls an Platon erinnernde Vorwürfe. So warnt der Politologe Benjamin Barber vor einer Willkür, die dadurch entstehe, dass die Konsumgüterindustrie behaupte, alles sei leicht und nicht schwierig, einfach und nicht kompliziert, schnell und nicht langsam. Bestätigt werde damit ein »infantiles Traum-Weltbild, wo man nur zu sagen braucht: ›Ich will, dass es so ist‹, und schon ist es so«.[14] Diagnostiziert Barber allenthalben eine durch konsumistische Fiktionalisierungen bedingte Infantilisierung der Gesellschaft – das Primat einer kindischen und gemeinen Liebe –, so beklagt der Soziologe Richard Sennett eine Verdummung: Konsumenten würden, verführt von Warenästhetik und Werbung, den »Sinn für Proportionen verlieren und etwa bei der Wertschätzung eines Objekts die Vergoldung mit dem Gegenstand verwechseln«.[15]

Wie Platon weigern sich heutige Konsumkritiker, zwischen Schein als ästhetischer Fiktion mit eigenem Wert und Schein als Vortäuschung, Manipulation und Verhängnis zu unterscheiden. Für sie gibt es nur letzteren, und auch für sie ist der Schein, obwohl ontologisch minderwertig und wegen eines »Seinsmangels« schwach,[16] gefährlich für die menschliche Psyche; man muss diese also schützen. Wer so argumentiert, verhindert jedoch von vornherein, dass andere Dimensionen von Kunst oder Konsumprodukten anerkannt werden. Inwieweit der ästhetische Schein auch spielerische, distanzierende, reflektierende, emanzipatorische, stimulierende, kompensatorische oder heilsame Wirkungen besitzen könnte, wird nicht diskutiert. Erst recht bleibt unerörtert, ob nicht auch hier Wege von der Ästhetik zur Ethik führen können.

In anderen Phasen der Geistesgeschichte waren Akteure des Imaginären ebenfalls bedroht. Im Protestantismus etwa unterstellte man Romanautoren, die Leser auf Abwege zu führen, sie mit ihren »freyen Vorstellungen / feurigen Außdruckungen / und andren bunden Händeln in Sehnen / Unruh / Lüsternheit und Brunst« zu versetzen und ein »Schwitzbad der Passionen« zu bereiten. So ist es nachzulesen in einem 1698 veröffentlichten Traktat des Schweizer Theologen Gotthard Heidegger. Der Repräsentant der calvinistisch-reformierten Kirche hielt den damals zahlreicher werdenden Romanen vor, »Gauckeleyen« zu sein. Auch für ihn war Fiktion nur Willkür – etwas, das in verwirrender und gefährlicher Beliebigkeit und Vielfalt erdichtet wird. »Wer Romans list / der list Lügen«, heißt es bei ihm, und er kann nicht verstehen, wieso jemand überhaupt etwas außer der Bibel ernst nimmt – die göttliche Offenbarung, die »den Menschen perfectionieren kann«.[17]

So einig man sich heutzutage jedoch darüber ist, dass Platon in polemischer Absicht Fiktion und Lüge in der Kunst gleichsetzte, und sosehr es auch längst Konsens ist, Romane als Form der Hochkultur vor christlich-monotheistischen Argumenten im Stil Gotthard Heideggers in Schutz zu nehmen und dafür die Kraft der Phantasie zu feiern, so selbstverständlich wiederholen Kritiker Vokabeln wie ›Lüge‹, ›Täuschung‹, ›Verblendung‹, ›Manipulation‹, sobald es um Konsumprodukte geht. Manche – etwa Benjamin Barber – bekennen sich dabei auch ausdrücklich zum protestantischen Ethos. Da aber die Vorwürfe, die gegen den Konsumismus vorgebracht werden, ihrerseits auf der Gleichsetzung von Fiktion und Lüge beruhen, würde es nicht wundern, wenn das künftig einmal ähnliche Ablehnung hervorriefe wie heute der einstige Kampf gegen die Romanliteratur oder gegen die Kunst.

Ist man auf die historische Parallele aufmerksam geworden, erscheint es aber umso berechtigter, Konsumgüter mit Romanen, Filmen, Fernsehserien und anderen Formen des Fiktionalen in Beziehung zu bringen. Man vermag dann anzuerkennen, dass Fiktionen und Inszenierungen für die Käufer von Produkten ähnlichen Wert haben können wie traditionellere Formen und Gattungen der Unterhaltungs-, Trost- und Therapiebranchen. Immerhin seien die in Konsumangeboten »aufgerufenen Emotionen jenen ähnlich, welche bei der Aktivierung der Imagination durch die Lektüre fiktionaler Texte auftreten können«, so die Soziologin Eva Illouz.[18] Es dauerte lange, bis akzeptiert wurde, dass sich eine gut erfundene Geschichte mit Gewinn lesen lässt. Also wird es künftig vielleicht auch einmal selbstverständlich sein, ein neues Produktdesign breit und engagiert auf seinen fiktionalen Wert hin zu diskutieren. Und man wird es als absurd empfinden, sollte jemand die Ansicht vertreten, die Menschen würden durch die ästhetische Gestaltung eines Produkts nur hinters Licht geführt und entfremdet.

Konsumenten selbst teilen als Laien-Rezensenten bereits millionenfach ihre Erwartungen und Erfahrungen mit und äußern sich dabei gerade auch über die Bedeutung, die Fiktionswerte bei Produkten für sie besitzen. Dies geschieht vornehmlich in Testberichten im Internet. Und so kritisch man diese Berichte lesen sollte, da sie nicht selten von beauftragten Agenturen stammen, die einem Hersteller zu Werbung verhelfen sollen, engagierte Konsumenten haben mit ihnen zweifellos eine eigene Textgattung entwickelt. Auf Verbraucherportalen wie *ciao.de* oder *dooyoo.de* existieren nicht selten sogar zehn, zwanzig, fünfzig zum Teil seitenlange Stellungnahmen verschiedener Konsumenten zum selben Produkt. Am ehesten scheint diese Prosa der Konsumkultur dabei dem verwandt, was früher oder sonst in Briefen und Tagebüchern seinen Ort hatte. Wären sie nicht fast immer dilettantisch abgefasst, könnten zumindest einige Testberichte in der Akribie der Beschreibung an Texte Adalbert Stifters oder Marcel Prousts erinnern.

In ihnen sind die Empfindungen und Assoziationen vermerkt, die sich einem Konsumprodukt verdanken; innere Bilder werden beschrieben, Fiktionen verbalisiert.

Ein paar Schlaglichter: Eine Testerin gesteht ein, dass sie sich »öfters dabei erwisch[t]«, fasziniert auf »die blinkende LED-Anzeige« ihres Toasters zu blicken und sich »den ganzen Röstvorgang an[zu]schaue[n]«.[19] Das technische Gerät verführt dazu, dass seine Nutzerin sich Zeit nimmt und das Toasten als Schauspiel erlebt; die Wartezeit wird nicht als lästig, sondern als Unterbrechung oder Überhöhung des Alltags empfunden. Jenseits seines Gebrauchswerts sorgt der Toaster so für mehr Bewusstheit; er schafft Raum für Kontemplation.

Eine andere Testerin schwärmt von einem Bademittel mit Kokosduft und beschreibt minutiös, wie sie sich auf einen Badewannenabend vorbereitet, dann den Schaum genießt und »bei geschlossenen Augen wunderbar in der exotischen Wanne entspannt«. Sie fühle sich in ihrem »›Milchbad‹ fast ein bisschen wie Cleopatra« und werde zugleich »an einen Urlaub unter Palmen erinnert«.[20] Hier kommt der Fiktionswert des Produkts voll zur Geltung; die Badewanne wird zum Kino innerer Bilder, zum Gefährt virtueller Reisen. Die Konsumentin wähnt sich an einen anderen Ort oder in eine andere Zeit versetzt; sie taucht ab wie sonst bei der Lektüre eines Buchs.

Andere Tester vergleichen den Gebrauch eines Produkts ausdrücklich mit dem Lesen – und weisen darauf hin, dass ein Buch mit seinen Fiktionen nicht immer gegen die Imaginationen ankommt, die von einem starken Produkt ausgehen. So vermerkt die Benutzerin eines Bademittels von *Weleda*, es durchsetze das Badewasser »leicht mit milchigen Wolken« und dufte so stimulierend, dass sie »das Buch zur Seite« lege.[21] Und ein weiterer Konsument ist von seinem Duschgel so begeistert, dass er in ihm, obwohl er »eigentlich am liebsten mit einem guten Buch in der heißen Badewanne lieg[t], [...] wirklich eine Alternative« sieht.[22]

Solche Berichte machen verständlicher, warum von den meisten Produkttypen nicht nur eine enorme Vielfalt an Varianten existiert, sondern warum auch in jeder Saison neue Versionen mit jeweils nur leicht abweichenden Inszenierungen auf den Markt gelangen. Sofern es um Fiktionen geht und die Konsumenten unterhalten werden wollen, ist es bei Bademitteln und Fertiggerichten nicht anders als bei Büchern und Filmen: Man will nicht immer genau dasselbe erleben, sondern einen Plot in verschiedenen Spielarten und mit wechselnden Effekten vermittelt bekommen. Daher wäre es umgekehrt sogar unangemessen, gäbe es immer nur dieselben Inszenierungen. Und dies umso mehr, als ein Shampoo oder eine Schokolade auch nicht genügend Fiktionalisierungsmasse besitzen, um immer wieder von neuem gut unterhalten zu können. Während man ein gutes Buch mehrfach lesen und gerade aus der Wiederholung Intensität schöpfen kann, sind den Möglichkeiten der Produktästhetik viel engere Grenzen gesetzt. Hier ist, sofern man sich nicht doch mit dem Gebrauchswert begnügen will, Abwechslung also notwendig. Und daher stehen auf Badezimmerkonsolen und in Küchenschränken oft noch mehr als auf Bücherregalen: Ansammlungen von Produkten desselben Typs, die jeweils etwas andere Emotionen wecken, leicht unterschiedliche Erwartungen bedienen, verschiedene Vorstellungen in Szene setzen können.

Damit aber ist der Einwand vieler Konsumkritiker gegen die Vielfalt an Produktvarianten, in denen man nur eine »Reproduktion des immer Gleichen« erkennen will,[23] ziemlich kurzsichtig. Einmal mehr handelt es sich dabei um die Neuauflage eines Ressentiments, das früher Romanautoren traf. So wollten viele lange Zeit nicht einsehen, warum jedes Jahr neue Bücher erscheinen müssen, die doch alle gleichermaßen keine Erkenntnis bringen. Die Zahl der Publikationen sei, so wieder Gotthard Heidegger, »ein ohnendlich Meer worden«, ja »wann ein Quartal verstreicht / da nicht einer oder mehr Romans auß / und in die Catalogos kommet / ist es so seltsam / als eine grosse Gesellschaft / da einer nicht Hanß hiesse«. Des Weiteren grollt er darüber, dass es »manchem [...] nicht an einem Wandgestell voller Romans [ermanglet]«, mit denen er oder sie sich »Tag und Nacht« beschäftige.[24]

Genauso werten Konsumkritiker es nicht als Freiheit und Chance auf Differenzierung, sondern als Verschwendung von Lebenszeit und Grund für Unzufriedenheit, dass man heute meist unter vielen Produktvarianten wählen kann.[25] Dabei bedeutet es für jemanden, der sich halbwegs auskennt, keine Anstrengung, zwischen verschiedenen Varianten zu vergleichen und auf Nuancen in der Inszenierung zu achten, die mit einem Design lanciert werden. Im Gegenteil kann Konsumieren eine Kulturtechnik sein wie Lesen; die Wahl der jeweils richtigen Pfeffermühle ist genauso ein Ausweis von Geschmack und Urteilskraft wie die Entscheidung für die Lektüre eines bestimmten Buchs. Und so entpuppt sich mancher Konsumkritiker als ähnlich banausisch wie jemand, der wenig liest und sich in einer Bibliothek darüber mokiert, dass so viel geschrieben wird, ja sich schwer dabei tut, für sich selbst etwas Passendes zu finden. Abwehr und Ressentiment sind also jeweils Folge einer Überforderung: Ausdruck ungenügender Ausbildung im Umgang mit einem Zeichensystem.

Noch Generationen nach den pauschalen Verurteilungen eines Gotthard Heidegger waren Publikationen wie der Ratgeber *Die Kunst, Bücher zu lesen* des Aufklärers Johann Adam Bergk (1799) nötig, um einen differenzierteren Begriff des Lesens durchzusetzen. Auch Bergk äußert die Sorge, durch die Lektüre von Romanen gewöhne »der Geist sich an Regellosigkeit und wird sich selbst ein Fremdling«. Seine Verachtung gilt »dem großen Haufen unserer Romanenleser, die ein saft- und kraftloses Gericht nach dem Andern verschlingen«. Doch sind für ihn weniger die Autoren als die Leser selbst schuld, wenn das Lesen negative Folgen zeitigt. Sie sind dann zu passiv, lassen sich billig unterhalten, statt reflektiert auf das Dargebotene einzugehen und ihrerseits Ansprüche zu stellen. Bergks Maxime lautet daher, ein Buch dürfe »uns nicht als Sklaven behandeln, sondern wir müssen als freies Wesen über seinen Inhalt herrschen«. Ein Leser soll so viel Engagement zeigen wie ein »Schauspieler, der Künstler ist«, soll »dem Schriftsteller nachhelfen« und »ihm vor- und nachdenken«. Er hat sich auf den jeweiligen Stoff einzulassen, dabei aber so eigenständig zu bleiben, dass er frei urteilen kann und nicht vereinnahmt oder überwältigt wird.[26]

Übertragen auf das Feld des Konsums hieße das, den Blick zu wechseln. Statt immer nur Manipulationsvorwürfe gegenüber den Produzenten zu wiederholen, würde dann von den Konsumenten verlangt, selbstbewusster und spielerischer, freier und reflektierter aufzutreten. Wenn sie, wie schon in einigen Testberichten, klarer artikulieren, was ihnen gefällt und andererseits deutlich machen, wo sie sich unter ihrem Niveau angesprochen oder gar zynisch behandelt fühlen, besteht auch die Chance, dass sich die Qualität der Fiktionen und Inszenierungen verbessert. So wie es nicht abwegig ist, die Blütezeit des Romans ab dem 19. Jahrhundert als Folge eines emanzipiert und anspruchsvoll gewordenen Lesepublikums sowie einer erstarkten Literaturkritik anzusehen, könnte eine Konsumentenschaft, die gleichermaßen frei von Verschwörungstheorien wie von einer bloß passiven Hingabe an Produktinszenierungen ist, zu neuen Standards der Konsumkultur beitragen. Dann aber wäre einer herkömmlichen Konsumkritik endgültig der Boden entzogen. Und so wenig man die Argumente Gotthard Heideggers angesichts der Romane von Gustave Flaubert oder Thomas Mann noch hätte verstehen können, so historisch wird der Standpunkt von Haug, Barber und Klein vielleicht in einer Zukunft erscheinen, in der Produkte und ihre Inszenierung sich weiterentwickelt haben.

Im späten 18. Jahrhundert war es nicht nur Johann Adam Bergk, der gegen eine Geringschätzung des ästhetischen Scheins antrat; erst recht spielte Friedrich Schiller eine maßgebliche Rolle. So wandte sich Schiller vehement gegen die Tradition einer Verwechslung oder Gleichsetzung von Fiktion und Lüge. Ausdrücklich befasste er sich mit calvinistischen Kunst-Skeptikern wie Jean-Jacques Rousseau, um das »Interesse am Schein« im Gegenzug als »eine wahre Erweiterung der Menschheit und ein[en] entschieden[en] Schritt zur Kultur« zu deklarieren. Und was andere als »Schwitzbad der Passionen« oder »Triebunruhe« schlechtreden, heißt bei ihm »schöne Kunst der Leidenschaft«. Folgt man Schiller, ist es Zeichen einer fortgeschrittenen Gesellschaft und vor allem Grundlage jeglicher ästhetischen Erziehung, wenn die Menschen einen Sinn – und Räume – für Fiktionales entwickeln. Nur solange ihre Kräfte noch vollständig dafür gebraucht werden, die täglichen Bedürfnisse zu befriedigen, »ist die Einbildungskraft mit strengen Fesseln an das Wirkliche gebunden«. Ist aber erst einmal »das Bedürfnis gestillt [...], entwickelt sie ihr ungebundenes Vermögen«.[27]

Das mochte schon für das Theater im antiken Griechenland, Wandmalereien in römischen Villen oder den Minnesang des Mittelalters gelten. Erst recht aber entwickelt eine Wohlstandsgesellschaft zahlreiche Ausdrucksformen für Phantasie und Wunschdenken. Nun erobern Fiktionswerte auch die sonst über Gebrauchswerte definierte materielle Dingwelt. Während Inszenierungen in ärmeren Zeiten nur dann vielen Menschen zukommen, wenn sie – wie öffentliche Theater – relativ unabhängig von materiellen Bedingungen sind, sonst aber – wie die *Saliera* – einen exklusiven Charakter besitzen, können in einer Wohlstandszeit Konsumprodukte zu einer maßgeblichen Quelle von Emotionen und Fiktionen für eine Mehrheit werden. Selbst und gerade alltägliche Güter wie Pfeffermühlen und Bademittel dienen dann dazu, Tätigkeiten, Situationen und Erfahrungen zu interpretieren, zu verklären oder umzudeuten. Sie werden zu Medien der Erziehung und Unterhaltung und gestalten das Leben der zu Konsumenten gewordenen Menschen.

Vielleicht steckt die Konsumkultur sogar noch in ihren Anfängen: Gerade wurden die ersten Schritte unternommen, sich durchgängig vom Vorrang des Gebrauchswerts zu emanzipieren und, als Folge gewachsenen Wohlstands, von materiellen Produkten mehr zu erwarten als die Erfüllung materiell bestimmter Bedürfnisse. Sollte sich diese Entwicklung fortsetzen, könnte es bald Marken und Produkte geben, die raffinierter fiktionalisieren, origineller interpretieren und zukunftsfähiger verändern als heutzutage. Mit ihnen gelingt dann eine warenästhetische Erziehung des Menschen, die mindestens so relevant ist wie andere Formen von Sozialisierung.

Diese Erziehung unterscheidet sich markant von der, die Modernisten, also etwa den Vertretern des Deutschen Werkbunds und den Mitgliedern des Bauhauses, vor Augen stand. Wollten sie mit funktionalistischen Gebäuden und Dingen dazu beitragen, dass die Menschen sachlicher, nüchterner, rationaler werden, so geht es diesmal darum, mit Produktinszenierungen die Lebenswelt zu strukturieren und Konsumgüter als subtiles Zeichensystem einzusetzen, das Erfahrungen modelliert. Und während in der Moderne eigens Kunstgewerbemuseen eingerichtet oder Fibeln mit Beispielen mustergültig funktionaler Produkte verbreitet wurden, um die Konsumenten vor Scheinhaftem zu schützen,[28] wird es künftig darum gehen, die Stilmittel der Fiktionalisierung zu studieren, Methoden der Marktforschung zu vermitteln und zu zeigen, auf welche Weisen eine Gestaltung Zeichencharakter annehmen und damit zu einem Medium werden kann.

Der Hauptunterschied zu früheren Ideen einer Erziehung durch Design besteht aber darin, dass die Konsumenten inzwischen nicht unwesentlich mitbestimmen, in welcher Weise sie sich von Konsumprodukten prägen lassen. Ihnen wird also nicht nur von oben herab etwas vorgesetzt. Einerseits sind sie nämlich Gegenstand der Marktforschung, so dass ihnen letztlich ziemlich genau das angeboten wird, was man als ihre Wünsche identifiziert hat. (Tatsächlich waren Menschen wohl noch nie zuvor in der Geschichte so sehr einer Welt ausgesetzt, die sie fortwährend mit ihren eigenen Wünschen und Erwartungen konfrontiert; sie begegnen ihnen verdichtet und gereinigt in Form von Produkten.) Und durch die Varianten, die sie auswählen, geben sie weiter Rückmeldung an die Hersteller, nehmen also nochmals Einfluss auf die Inszenierungsweisen der Produkte. Das heißt aber auch, dass gerade keine kontinuierlichen Niveausteigerungen, sondern eher tautologische Prozesse zu erwarten sind: Eine Mehrheit gibt sich mit dem zufrieden, was ihr geboten wird, und wünscht sich allenfalls Varianten davon.

Andererseits sind aber auch immer mehr Konsumenten zu bemerken, die aktiv Einfluss auf Produktions- und Marketingprozesse zu nehmen versuchen. Sie verändern Produkte »in ihrer Beschaffenheit, ihrer Verwendungsweise und ihrem Erscheinungsbild derart«, dass man, so der Konsumsoziologe Kai-Uwe Hellmann, »kaum mehr von Konsumption im klassischen Sinne sprechen kann«.[29] Vielmehr treten sie als kritische Verbraucher auf, die sich in Internetforen beschweren, Flash-Mobs oder Boykottaufrufe starten oder eigene Vertriebswege entwickeln, um den Markt zu pluralisieren. Dabei fordern sie nicht nur eine bessere Produktqualität, sondern verlangen auch mehr Ehrlichkeit bei den Unternehmen, das Engagement für bestimmte Werte und deren ästhetisch adäquate Darstellung. In dem Maße, in dem Konsumprodukte für sie ein wichtiger Teil ihres Lebens sind, stellen sie Ansprüche an die Bedeutungen, die damit assoziiert werden. Und so gibt es – wie ehedem ein anspruchsvoller gewordenes Lesepublikum – bereits zahlreiche selbstbewusste Konsumenten, die dazu beitragen, dass das inhaltlich-inszenatorische Niveau vieler Markenprodukte nach und nach steigt.

Da viele Impulse für zusätzliche Produkteigenschaften von den Konsumenten ausgehen, handelt es sich bei warenästhetischer Erziehung mittlerweile eher um eine Form der Selbsterziehung. In der Beschäftigung mit den Marken und Produkten schärfen die Konsumenten ihre Fähigkeit der Differenzierung, aber auch Wahrnehmung und Deutung diverser Lebenssituationen. Hier ist der Ort, an dem ästhetische Satisfaktion gesucht wird. Zugleich erwachsen daraus zusätzliche Erwartungen, die sich in der nächsten Produktgeneration bestenfalls auch materialisieren. So gerät der Prozess zwischen Konsumption und Produktion zu einer speziellen Form von hermeneutischem Zirkel und somit zu einem Weg der Selbsterhellung.

pure DKNY
Gaan we samen iets drinken?
www.SIPWELL.com
SIP
St-Gero
St-Gero
HEARTSEASE
O2
alive
Water collection
89
NON STOP!

II Inszenierungsfolgen

In China erzählt man seit mehr als zweitausend Jahren die Geschichte eines Geschäftsmanns, der mit Perlen handelte. Da er einen möglichst guten Preis erzielen wollte, bemühte er sich um eine besonders edle Verpackung. Für die Schachtel wählte er wertvolles Holz, ferner bestückte er sie aufwendig mit Edelsteinen und parfümierte sie zusätzlich mit teuren Aromen. Schnell fanden sich zahlreiche Interessenten, und der Höchstbietende erhielt schließlich die Schachtel. Die Perlen jedoch gab er, so die Pointe, dem Händler zurück, gefiel ihm doch eigentlich nur die Verpackung.[30]

Diese Geschichte war nie aktueller als heute – in einer Zeit, in der Produkte mit so viel Aufwand inszeniert werden, dass die Verpackung oft zur Hauptsache wird. Den größeren Teil seines Geldes gibt man dann dafür aus, dass eine Ware eine interessante Anmutung besitzt: Ihr Anblick weckt innere Bilder oder setzt im Kopf einen Film in Bewegung, in dem der Konsument eine schmeichelhafte Rolle spielt und ein Stück schöner Zukunft gezeigt bekommt; positive Gefühle steigen auf, vielleicht fühlt man sich für einen Moment sogar berauscht von den Assoziationen, die eine Verpackung oder die ästhetische Gestaltung des Produkts auslösen. Während Hersteller oft nicht viel tun müssen, um den Gebrauchswert ihrer Güter garantieren zu können, investieren sie große Summen für deren möglichst raffinierte Gestaltung – für Marktforschung, Werbung, Design, Markenentwicklung. Wer also kauft heute noch Duschgel, Tee oder Joghurt, nur um sauber zu werden oder etwas zum Essen und Trinken zu haben? Viel wichtiger ist doch, auf welche Weise das jeweilige Produkt und die damit verbundene Tätigkeit in Szene gesetzt wird. Man entscheidet sich für ein Bademittel, weil es Meditation pur verspricht, wählt eine Teepackung, weil sie Harmonie oder Liebe verheißt, nimmt eine Tafel Schokolade, die sich als Seelentröster anbietet. Und nicht selten bleibt das Bademittel dann ungenutzt auf der Konsole im Badezimmer stehen, fungiert eher als stimmungsbildende oder stimulierende Kleinskulptur denn als Gebrauchsobjekt. Wie in jener alten Geschichte aus China ist das Produkt selbst relativ unwichtig im Verhältnis zur Art und Weise, wie es verpackt und präsentiert wird.

Im Fall der Perlen war die Schachtel schon deshalb attraktiver als die eigentliche Ware, weil sie mehr Sinne als diese ansprach. Während eine Perle nur schön anzuschauen ist und wegen ihrer glatten, runden Oberfläche zudem ein haptisches Erlebnis bietet, verhieß die Schachtel dank der verschiedenen Materialien deutlich mehr taktile Abwechslung; vor allem aber kam mit dem Geruch eine zusätzliche Dimension ins Spiel. Der chinesische Geschäftsmann machte sich damit ein Prinzip zunutze, das in der heutigen Neurobiologie – und vor allem in deren kommerziellem Nebenzweig des Neuromarketing – viel diskutiert wird. Unter dem Schlagwort ›multisensory enhancement‹ geht es darum, dass Sinnesreize durch Impulse verstärkt werden können, die an andere Sinne adressiert sind. So wird ein Ereignis um ein Mehrfaches intensiver erlebt, wenn verschiedene Sinneseindrücke interagieren und dabei in ihrer Bedeutung zusammenpassen. ›Cue-Management‹ – die Abstimmung und Choreographie der verschiedenen Sinnesreize – gehört sogar zu den Hauptanliegen heutigen Marketings. Die in den Unternehmen für Vermarktung und Werbung zuständigen Manager hören auf Berater wie Martin Lindstrom, der auf die »Macht der vernachlässigten Sinne« hinweist. Er vertritt die Meinung, ein Produkt werde künftig nur dann eine Chance auf dem Markt haben, wenn genau komponiert ist, wie es sich anfühlt und riecht, ja welcher Sound damit verbunden wird. Als Vorbild für ›multisensory enhancement‹ preist Lindstrom die katholische Kirche, die vom Glockengeläut über den Weihrauch bis zu den Farben der Messgewänder alle Sinne anzusprechen verstehe – und nur deshalb so lange erfolgreich gewesen sei.[31]

Bei einem Produkttyp wie Mineralwasser ist besonders offensichtlich, wie viel Bedeutung der Verpackung und multisensorischen Inszenierung zukommt. So könnten die Menschen in vielen Regionen zumindest Mitteleuropas Trinkwasser nahezu kostenlos und ohne Transportmühen aus jedem Wasserhahn beziehen. Wenn Mineralwasser dennoch einen Milliardenmarkt darstellt, belegt das, dass es um mehr und anderes als Durstlöschen geht: Man zahlt für eine Aufladung des Trinkens mit zusätzlicher Bedeutung, für eine Dramatisierung einzelner Eigenschaften des Wassers, für eine Ritualisierung des Wassertrinkens, wie sie durch das Design des jeweiligen Flaschentyps stattfinden kann.

Als erfrischend wird es etwa empfunden, wenn die Verschlusskappe so gestaltet ist, dass das Wasser beim Öffnen mit einem leichten Zischen heraussprudelt; zugleich sollte die Flasche dann eine schlanke Form haben, durchsichtig sein und auf dem Etikett Farben aufweisen, die entweder – wie Rot – Energie verheißen oder – wie Blau – für Luftigkeit und Frische stehen. Vokabeln wie ›Power‹, ›Sport‹ oder ›Sauerstoff‹ steigern die Suggestion von Leistungskraft zusätzlich. Auf einer bauchigen Flasche, die in Beige oder Grau gehalten ist und einen Schraubverschluss besitzt, erschienen dieselben Vokabeln hingegen unglaubwürdig; das ›Cue-Management‹ wäre zu konfus, um ›multisensory enhancement‹ zu ermöglichen.

Erst recht begreift das Trinken als Energiezufuhr, wer sich für ein Wasser entscheidet, dessen Flaschenform an eine Gaspatrone erinnert, die zudem mit einem technoiden Verschluss wie bei einem Sicherheitsventil versehen ist – so als bestünde die Gefahr, dass der Inhalt explodiert, weil er so stark

mit Sauerstoff oder hochenergetischen Substanzen angereichert ist. Die auf den metallicfarben glänzenden Flaschenkörper gedruckte Vokabel ›Power‹ unterstützt die Vorstellung vom Wasser als Energy-Drink zusätzlich. Man darf sich dann als jemand fühlen, der an seine Grenzen geht und alles gibt, wird also zum Helden eines Action-Films oder Sport-Events. Dazu passt, dass man eine solche Flasche, ist das Ventil erst einmal geöffnet, gut mit einer Hand bedienen und etwa während der Fahrt auf einem Rennrad nutzen kann. Dank ihrer klaren Botschaft wird sie zu einem Motivationstrainer; sie stachelt dazu an, noch mehr aus sich herauszuholen.

Aber auch wer andere Herausforderungen zu bestehen hat, kann sich von einem solchen Produkt etwas versprechen. Es pusht eine agonale Mentalität und passt daher zum Leben in einer Wettbewerbs- und Leistungsgesellschaft. Damit besitzt ein derart inszeniertes Wasser nicht zuletzt eine gesellschaftspolitische Dimension, unterstützt es doch Werte einer auf Wachstum und Effizienz ausgerichteten kapitalistischen Logik. Mochte diese ehedem, wie seit Max Weber bekannt ist, durch die protestantische Ethik gefördert worden sein, so wird sie heute durch Produkte wie das Power-Wasser täglich neu eingeübt und attraktiv gehalten. Wer eine kapitalistische Wachstumsgesellschaft kritisiert, sollte also auch und gerade das Produktdesign aufmerksam in den Blick nehmen. (Es war ein Versäumnis der Aktivisten der Occupy-Bewegung, im Herbst 2011 neben Banken, Börsen und Kunstinstitutionen nicht auch Drogeriemärkte oder Kaufhäuser belagert zu haben, um dort markant kapitalistische Produktinszenierungen anzuprangern.)

Da sich die Spielarten der Inszenierung branchenübergreifend ähneln und da es im Umgang mit Produkten um das unmittelbare Einüben von Verhaltensweisen geht, ist eine kritische

Aufmerksamkeit gegenüber der Warenästhetik umso wichtiger. Die Konsumenten werden, ohne dass ihnen das üblicherweise bewusst ist, von Produkten ungleich mehr in ihrem Habitus geprägt als von philosophischen Theorien, intellektuellen Debatten oder Argumenten in Talkrunden. Und so erfüllen Produktdesigner heutzutage das, was Karl Marx von den Philosophen einst vergeblich erwartet hatte. In Abwandlung seines berühmten Diktums lässt sich feststellen: Die Philosophen haben die Welt immer nur verschieden interpretiert, die Produktdesigner verändern sie auch.

Allerdings sollte man beachten, wie viel Aufwand die Inszenierung eines Produkts jeweils verlangt. So ist ein halber Liter Wasser wohl selten ökologisch verantwortungsloser dargeboten worden als bei der Variante einer simulierten Gasflasche. Der Ressourcenverbrauch ist enorm, ein Mehrwegsystem gibt es auch nicht. Zudem ist das Design ganz auf den einen Moment hin angelegt, in dem das Wasser beim Öffnen der Verschlusskappe mit einem Zischen seine Energiehaltigkeit signalisiert. Dieser Effekt bleibt aus, füllt man Wasser in die Flasche nach. Und so landet der Kunststoff rasch im Müll, um dort nochmals zu einem ökologischen Problem zu werden. Insofern passt dieses Wasser auch genau zu den von ihm verkörperten Werten: Seine Hersteller rechnen fest damit, dass die Chancen zur Steigerung der Wirtschaft grenzenlos sind und man sich über Energiefragen und Nachhaltigkeit somit keine Gedanken zu machen braucht.

Auch Produkte, die andere Werte als das Power-Wasser vertreten, sind oft ähnlich materialaufwendig gestaltet. Hier entsteht für den Verbraucher vielleicht sogar ein Gewissenskonflikt zwischen seinen ökologischen Ansprüchen und dem Wunsch, ein starkes Produkt zu konsumieren. Bei manchen Mineralwassern scheint die Last des Gewissens geradezu sinnfällig zu werden, denn die Glasflasche ist so schwer, dass man die Problematik des Materials kaum verdrängen kann. Auf diese Weise ist aber wenigstens dafür gesorgt, dass man

nicht versäumen wird, das Rückgabesystem zu nutzen und die Pfandgebühr einzulösen. Ein solches Wasser auf dem Rennrad mitzunehmen wäre von vornherein kaum möglich, zumal sich sein Schraubverschluss nur mit beiden Händen öffnen lässt. Aber es ist ohnehin als Heilwasser in Szene gesetzt, das denjenigen, der es trinkt, zum Patienten werden lässt – zu jemandem, der sich eher als Opfer von Konkurrenzkampf und Turbokapitalismus denn als einsatzbereiter Leistungsträger sieht.

Dabei werden vom Hersteller gleich mehrere Autoritäten aufgerufen, um eine besondere Wirkkraft des Produkts erwarten zu lassen. Auf dem Etikett ist ein Heiliger genannt, was das Wasser in die Tradition wundertätiger Quellen stellt, zu denen gewallfahrtet wird. Auch das Bild eines Kreuzes ruft religiöse Gefühle hervor. Doch gibt sich der Produzent zugleich säkular und betont, dass das Wasser »staatlich anerkannt« sei. Ferner wird es als »natürlich« gewürdigt, was auch das Grün der Flasche erklärt. Schließlich ist noch der Hinweis »Zum Trinken« zu lesen – und somit nicht weniger als eine Einnahmeverordnung, wie sie bei Medikamenten üblich ist. Religion, Staat, Natur und medizinische Wissenschaft werden also herbeizitiert, um die Glaubwürdigkeit des Produkts zu maximieren.

Wiederum stellt sich die Frage nach der politischen Dimension eines solchen Mineralwassers. Was sagte es über eine Gesellschaft aus, in der dieses Produkt zu den Marktführern gehörte? Müsste nicht mit Beunruhigung betrachtet werden, dass Konsumenten nach Produkten suchen, die ihnen die Rolle von Heilsbedürftigen auferlegen? Und wie steht es um die soziale Verantwortung, wenn viele vor allem darum bemüht sind, für sich selbst Ruhe und Entlastung zu finden? Fördert ein solches Wasser letztlich also nicht genauso Individualismus und Selbstzentriertheit wie das zum Energy-Drink mutierte Wettkampfprodukt? Geht es nicht wieder nur darum, dem Einzelnen eine Vermehrung seines Wohls und seiner Leistungskraft zu versprechen?

Die Sorge, Konsumenten könnten durchgängig zu Narzissten erzogen werden, die auf sich und ihr Wohlbefinden konzentriert sind, scheint also nicht unbegründet. Sie wird auch durch andere Inszenierungen von Mineralwasser nicht entkräftet. So gibt es etwa Versuche, Wasser von einem Grundnahrungsmittel in eine luxuriöse Substanz zu verwandeln, die exklusive Erlebnisse bereitet. Dazu bietet man es seit einigen Jahren – in Frankreich noch lieber als in Deutschland – wie ein alkoholisches Getränk dar. Wie bei anderen Inszenierungen (als Energy-Drink oder Medikament) arbeitet man dabei mit Metaphern, überträgt also Formen und Codes anderer Bereiche auf das Design des Wassers. Statt als Gaspatrone erscheint es dann als Weinflasche. Merkmale von etwas Besonderem und Seltenem werden ihm wie Statussymbole angeheftet, sicher auch als Rechtfertigung dafür, einen möglichst hohen Preis für das Wasser verlangen zu können.

Doch führt ein semantisches Upgrading auch zu einer Veränderung von Gewohnheiten. Wer Wasser wie Wein oder Whiskey erlebt, wird kaum umhinkommen, Rituale der Kennerschaft zu entwickeln. Plötzlich gehört es in bestimmten Milieus zum guten Ton, zwischen verschiedenen Mineralwassermarken zu unterscheiden. Bei Einladungen fühlen sich Gastgeber verpflichtet, für unterschiedliche Wasserbedürfnisse und -geschmäcker gerüstet zu sein und mehrere Sorten anzubieten. Und wer Eindruck machen will, muss seine Gäste mit einem bisher unbekannten Wasser überraschen oder mit speziellen Wassergläsern Stilsicherheit beweisen. In einem Sternelokal bekommt man gar einen Wasser-Sommelier an die Seite gestellt, in einem teuren Hotel findet man eine Wasserbar, während in Lifestyle-Magazinen Tipps gegeben werden, welche Wassersorten in keiner guten Sammlung – in keinem Wasserkeller – fehlen sollten.

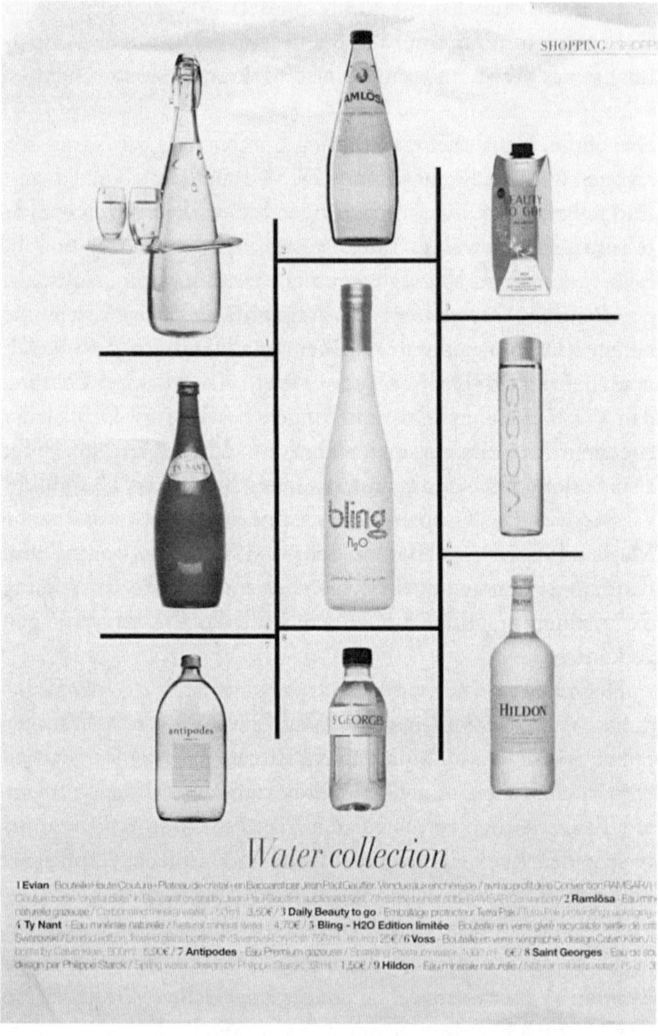

Der zum Connaisseur geadelte Konsument wird es bald nicht mehr schaffen, Wasser beiläufig zu trinken; vielmehr gerät es zu einer Hauptsache, über die man eigens spricht. Und wer erst einmal für geringe Unterschiede sensibilisiert ist, ist auch

gerne bereit, einzelnen Wassersorten spezifische Wirkungsweisen zuzutrauen. So wie eine Form von Alkohol eher auflockernd wirkt, eine andere hingegen entspannt und müde macht, kann auch Wasser zum Stimmungsaufheller oder zu einem Therapeutikum für die Seele werden. Werbeanzeigen suggerieren, bei einem Glas Wasser könne man genauso gut ein Rendezvous haben wie ehedem bei Champagner oder Whiskey, und während früher das Sprichwort galt, »Wer Sorgen hat, hat auch Likör«, sollen mittlerweile bestimmte Wassermarken dabei helfen, über Depressionen hinwegzukommen.

Wie weit die Umwertung von Getränken geht, macht eine Passage in Kristof Magnussons Roman *Das war ich nicht* (2010) deutlich. Einer der Protagonisten, ein alternder Autor, leidet unter einer Schreibblockade und will seinen Frust in einem Hotelzimmer mit den Vorräten aus der Minibar bekämpfen. Er nimmt einen Whiskey und, wie man weiter lesen kann, »ein stilles Mineralwasser, das heartsease hieß und aus Wales kam, benannt nach heartsease pansy, dem wilden Stiefmütterchen, das die Kraft besaß, traurige Herzen zu heilen«. Und dann folgt ein bemerkenswerter Satz: »Nachdem ich ein paar Tropfen davon in den Whiskey getan und ihn mit einem Schluck ausgetrunken hatte, fühlte ich mich etwas besser.«[32]

Das Verhältnis zwischen Wasser und Hochprozentigem hat sich also umgekehrt: Das Wasser ist die gegenüber dem Whiskey stärkere Substanz. Und auch wenn man in Magnussons Formulierung die ironische Übertreibung einer Produktinszenierung erkennen kann, liefert diese immerhin die Idee dazu, eine Romanfigur als anfällig für Versprechen des Marketings zu charakterisieren und damit situationskomisch vorzuführen. Während sich Schriftsteller früherer Zeiten mit Absinth zu-

grunde richteten, Alkoholiker waren oder es zumindest als standesgemäß ansahen, gelegentlich im Vollrausch zu sein, treten künftige Generationen von Autoren vielleicht mit Wasserexzessen in Erscheinung oder benötigen ein bestimmtes Mineralwasser, um in schöpferische Laune zu gelangen.

Dass sich die Metaphorisierung des Wassers zum alkoholischen Getränk großer Beliebtheit erfreut, dürfte an einem gestiegenen Gesundheits- und Fitnessbewusstsein vieler Menschen liegen. Heute predigt man zwar vielleicht noch Wein, trinkt aber längst Wasser. Wer gerade auch durch Inszenierungen von Wasser als Energieträger oder Heilmittel dazu erzogen wurde, stärker auf das Wohlbefinden zu achten und deshalb vorsichtig im Umgang mit Alkohol zu sein, will dennoch nicht auf die Situationen und Rituale verzichten, die bisher mit Wein, Whiskey oder Champagner verknüpft waren. Vielmehr ist es wichtig, beim Trinken weiterhin guten Geschmack zu demonstrieren oder Feierlichkeit zu erleben.

Da nun das Wassertrinken eine stärkere gesellschaftliche Dimension bekommen hat, vermag es zum Teil auch die Funktion einzunehmen, die noch vor wenigen Jahrzehnten das Rauchen besaß. Wie es früher üblich war, in Besprechungszimmern und Seminarräumen, bei kulturellen Veranstaltungen oder gar in Ausstellungen zu rauchen, sieht man heutzutage in vergleichbaren Situationen Menschen mit einer Wasserflasche statt einer Zigarette. In dem Umfang, in dem das Rauchen aus immer mehr Räumen verbannt wurde, findet das Wassertrinken Eingang. So gibt es bereits Gesellschaftstrinker, die ihrer Umgebung mit einer locker und selbstverständlich mitgeführten Wasserflasche ihre Gesundheitsvorsorge demonstrieren. Und selbst an Orten wie Lesesälen großer Bibliotheken, in denen es immer tabu war, etwas zu essen oder zu trinken, sind Wasserflaschen mittlerweile erlaubt.

Wer erst einmal erkennt, wie folgenreich die Metaphorisierung eines Produkttyps sein kann, wird es aber vielleicht nicht nur Managern des Marketings und Werbeagenturen überlassen wollen, darüber zu entscheiden. Gerade das Beispiel des Wassers fordert dazu auf, sich eigens um eine Ethik des Metaphorisierens zu kümmern. Wer das Wassertrinken nämlich zu einem bewussten Akt überhöht, wird es auch ernster nehmen und in seinen Qualitäten bewusst erfahren. Damit aber bereitet eine solche Metaphorisierung, so sehr sie zunächst nur der emotionalen Aufladung (und Preissteigerung) diente, auch auf Zeiten vor, in denen Wasser knapp und allein deshalb kostbar werden könnte.

Mit einigen Inszenierungen von Wasser wird bereits von vornherein als Ziel verfolgt, die Konsumenten für ökologische Fragen zu sensibilisieren, damit sie das Wasser, selbst wenn es in ihrer Region ausreichend vorhanden sein mag, als ein wertvolles Gut anerkennen. Und sie sollen dankbar dafür sein, genügend Wasser zur Verfügung zu haben, um daraus die Aufgabe abzuleiten, auch Menschen in anderen – weniger privilegierten – Teilen der Welt zu sicherem Trinkwasser zu verhelfen.

So werden auf dem Etikett der Marke *Gota* die unvorstellbar großen Zeiträume beschworen, während derer sich das Wasser in Reservoiren der Natur befand. Wer liest, dass er etwas vor sich hat, das zweihundert Millionen Jahre alt ist, wird ein Gefühl von Erhabenheit verspüren. Doch kommt auch Befremden oder gar schlechtes Gewissen auf angesichts der Tatsache, selbst vielleicht nur wenige Minuten zu brauchen, um das Wasser wegzutrinken. Die Beiläufigkeit des Konsumakts erscheint als Sakrileg, man fühlt sich schuldig. Doch sorgt der Hersteller dafür, dass man auch gleich wieder entlastet wird. Auf dem Etikett heißt es nämlich weiter, dass ein Teil des nicht geringen Kaufpreises dafür eingesetzt wird, in armen Ländern Brunnen zu bauen, um die Überlebenschancen vieler Menschen zu verbessern. Insofern endet der Konsumakt nicht mit schlechtem, sondern mit besonders gutem Gewissen.

Das ›Cue-Management‹ ist hier perfekt gelungen; kalkuliert wird eine Abfolge von Gefühlen hervorgerufen. Das ist kaum anders als etwa in der Kunst des Barock, als Künstler wie Poussin oder Rubens versuchten, bei den Betrachtern ihrer Bilder ein »heftiges Wechselbad der Emotionen« zu erzeugen.[33] Ein Altarwerk von Rubens sollte, gelenkt durch die Komposition oder die Farbwerte, zuerst Gefühle von Reue und dann den Wunsch nach Buße auslösen. Damit besaß es insgesamt die Funktion einer Bußpredigt, die ihre Vollendung fand, wenn der Klingelbeutel durch die Reihen ging und die Gläubigen ihr schlechtes Gewissen mit einer Geldspende entlasten konnten. In ähnlicher Weise kann heutzutage die Verpackung eines Mineralwassers zur Bußpredigt werden und zugleich Ablass für begangene Sünden anbieten. Schließlich darf sich der Konsument vollkommen fühlen, in Erfüllung des platonischen

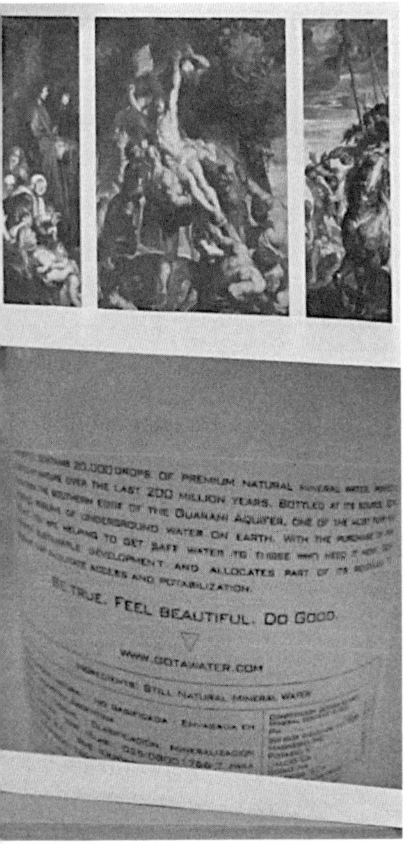

Ideals der Einheit des Wahren, Schönen und Guten: »Be true. Feel beautiful. Do good.« lautet das Motto von *Gota*.

Diesmal wird der Konsument also nicht zum Sieger, Patienten oder Connaisseur, sondern zu einem verantwortungsbewussten Moralisten, der sensibel für größere Zusammenhänge ist, ja gar über einen globalen Blick verfügt. Und während die anderen Rollen allein dazu nützen, das Individuum zu stärken und mit Selbstbewusstsein aufzupumpen, kommt eine solche Inszenierung auch anderen Menschen zugute. Vor allem aber trägt sie zu einer Erziehung bei; sie lenkt die Aufmerksamkeit auf Fakten und Phänomene, die sonst kaum Beachtung fanden, jedoch von entscheidender Bedeutung sind, wenn es darum geht, ökologische und soziale Standards zu erhöhen.

Keine andere Rolle hat in den letzten Jahren eine vergleichbare Karriere erlebt: Branchenübergreifend kann man sich mittlerweile verantwortungsbewusst geben. Auch das schmeichelt den Konsumenten, und sähen sich nicht viele gerne als kritisch und aufgeklärt, als engagiert und moralisch, wären die Unternehmen kaum darauf verfallen, sich ihrerseits so verantwortungsvoll zu geben. Ohne Forderungen von Verbraucherschützern und ökosozialen Lobbygruppen, ohne entsprechende Rückmeldungen von der Marktforschung wäre es also kaum so weit gekommen, dass man heute allenthalben Waren erwerben kann, die nicht nur Produktionsprozesse und Vertriebswege transparenter machen, sondern auch dazu beitragen, an den jeweiligen Bedingungen etwas zu verbessern.

Wäre es noch in den 1990er Jahren kaum denkbar gewesen, dass mit einer Vokabel wie ›Verantwortung‹ für einen Parfümflacon geworben wird, so weckt das inzwischen kaum noch Verwunderung. Erst recht gerät die Lektüre eines begleitenden Textes, der das Parfüm der Marke *DKNY* vorstellt und bewirbt, zu einer ökosozialen Sensibilisierungsübung. Erläutert wird etwa, dass für das Parfüm verwendete Pflanzen »von Frauen aus Togo angebaut und geerntet« wurden, deren Zukunft »in finanzieller Hinsicht« verbessert werden solle. Der Flacon bestehe komplett aus wiederverwendbaren Materialien, während die Umverpackung aus Papier gemacht sei, »das aus zertifizierter Waldbewirtschaftung stammt«; bedruckt sei es mit Tinte, »die einen niedrigeren Gehalt an flüchtigen organischen Verbindungen (VOC) aufweist und in Fabriken produziert wird, die mit Windkraft arbeiten«. Schließlich sei der Karton mit NatureFlex™-Folie umhüllt, die aus erneuerbarem Holzschliff aus kontrolliertem Anbau gefertigt ist.[34]

Kaum ein Konsument wird gebildet genug sein, um die vielen Fachtermini zu verstehen und die Produktionsprozesse genau einschätzen zu können. Doch gerade weil die Wissenslücken den Verdacht nähren, man sei selbst noch keineswegs verantwortungsbewusst genug, werden sie zum Ansporn, sich um das nötige Wissen zu bemühen. Und da solche Texte mittlerweile gängig sind, viele Unternehmen also über Inhaltsstoffe, Produktionswege und ihr Engagement für Umwelt oder Mitarbeiter informieren, erlangen die meisten Menschen in ihrer Rolle als Konsumenten mehr Kenntnis als irgendwo sonst über Fragen wie Klimawandel, Ressourcenverbrauch, Schadstoffe oder Arbeitsbedingungen. Weniger politische Parteien, Bürgerinitiativen, Vereine oder Verbände als vielmehr Unternehmen sind es, die ein größeres Publikum auf viele Probleme hinweisen und auch Menschen erreichen, die sich sonst allenfalls am Rande für solche Belange interessieren. In den meisten Fällen mögen die Unternehmen das nur tun, weil sie Angst vor Marktanteilverlusten haben und sich als Problemlöser darstellen wollen. Doch entsteht auf diese Weise besser als durch andere Initiativen ein allgemeines Bewusstsein für den ökologischen Fußabdruck. Und es sind heutzutage Unternehmen, die für die artgerechte Haltung von Tieren sensibilisieren, die ökologischen Belastungen von Transport- und Lagerkosten bilanzieren und auf Gesundheitsrisiken aufmerksam machen.

Manchmal geben sie sich dabei sogar selbstbewusst als Erzieher: in der Tradition paternalistischer Unternehmer, nur dass sie diesmal weniger für ihre Angestellten als für ihre Kunden Verantwortung zu übernehmen beanspruchen. So lag bei *McDonald's* im Frühjahr 2012 ein Faltblatt aus, in dem die Inhaltsstoffe sämtlicher Produkte aufgelistet waren. Die Tabellen mit Angaben über gesättigte Fettsäuren, Ballaststoffe oder Allergene enthielten rund 4500 Zahlen, wenn auch so klein gedruckt, dass sie kaum lesbar waren. Hinweise und Appelle verstärkten den Eindruck, *McDonald's* würde jedes noch so kleine Detail berücksichtigen und wirklich Sorge für Wohlergehen und Aufgeklärtheit seiner Kunden tragen. So las man: »Schauen Sie gemeinsam mit Ihren Kindern diese Tabellen an und erklären Sie ihnen, was Kilokalorien sind und welche

Nährstoffe ein menschlicher Körper braucht. So schaffen Sie schon früh ein Bewusstsein für ausgewogene Ernährung.«

Doch führte die Masse an Information, die auf engem Raum geboten wurde, den Anspruch auf größtmögliche Transparenz ad absurdum, da für den Konsumenten nicht mehr zu erkennen war, was wirklich wichtig sein könnte. Aber statt dem Unternehmen noch eine Unterlassung vorwerfen zu können, muss er sich seinerseits Bequemlichkeit und Halbherzigkeit vorhalten lassen, solange er das gebotene Material nicht ernsthaft studiert. Das schlechte Gewissen, das kritische Konsumenten den Herstellern bereiten wollten, kehrt somit zu ihnen zurück. Etwas zerknirscht müssen sie zugestehen, von den Unternehmen überfordert zu werden.

Das Gefühl, doch nicht so aktiv und investigativ zu sein, wie es dem eigenen Selbstverständnis entspräche, verstärkt sich beim Konsumenten noch dadurch, dass das Info-Material zahlreiche Links zu weiterführenden Websites enthält, denen man dann aber doch nicht nachgeht. Die Aussage, jenes Faltblatt sei auf Premium-Recyclingpapier klimaneutral gedruckt, könnte man etwa im Internet überprüfen, um dann durch etliche weitere Klicks herauszufinden, dass die rund 39 Tonnen CO_2, die beim Druck anfielen, durch die finanzielle Unterstützung eines Windenergieprojekts in Neukaledonien kompensiert wurden. Weiter könnte man recherchieren, wer hinter diesem Projekt steht (ein französisches Unternehmen), wer es noch finanziert oder wieso es am anderen Ende der Welt gestartet wurde.

Sonst pflanzen Unternehmen Regenwald an, unterstützen Forschungen zum Recycling von Müll oder errichten in Ländern wie Indien Solarküchen. Dass viele der angestoßenen Projekte in fernen Erdteilen ihren Ort haben, verleiht den Unternehmen das Image von Global Playern. Zugleich kann man den Konsumenten das gute Gefühl geben, für die Welt insgesamt etwas getan und, vom eigenen Verantwortungsbewusstsein motiviert, weit über den eigenen Tellerrand geblickt zu haben.

Doch so kosmopolitisch sich der Verbraucher gerne vorkommt, so sehr will er zugleich Heimatgefühle kultivieren und als Konsument ein Bekenntnis zur eigenen Region ablegen. Heimi-

sche Produkte zu verwenden bedeutet, maßvoll und vernünftig zu sein und absurd lange Transportwege zu vermeiden; mit ein wenig Marketing lässt sich bei dem Konsumenten sogar der Eindruck erwecken, er sei dann besonders ehrlich und authentisch. Dazu macht man ihm die Herkunft von Produkten wie Eiern, Mehl oder Milch möglichst transparent. Klebt auf dem Ei noch ein Halm Stroh oder eine kleine Feder und ist auf der Schachtel der Bauer abgebildet, auf dessen Hof die Eier – in einem Freilandgehege – gelegt wurden, kann es so wirken, als habe man eine persönliche Beziehung zum Hersteller.

Die während der gesamten Moderne beliebten Vorwürfe, industrialisierte Produktionsprozesse fänden entfremdet und anonymisiert statt, werden auf einmal nichtig. Vielmehr bekommt man die Vorstellung vermittelt, jederzeit seiner Landlust nachgeben und einen Besuch auf dem jeweiligen Bauernhof machen zu können, um dort wie ein alter Bekannter mit Kaffee und Kuchen empfangen zu werden. Und es braucht nicht viel Phantasie, um sich weitere Spielarten von Transparenz und Verbindlichkeit auszudenken. Auf der Website des Bauern finden sich dann die neuesten Familienfotos oder

Webcams, die live das Geschehen im Hühnerstall dokumentieren. Man kann also beliebig Anteil nehmen an der Herkunft der eigenen Lebensmittel – und zugleich die Position eines Betrachters aus Gottesperspektive einnehmen, der sich heranzoomt, was ihn gerade interessiert.

Je größer von Seiten der Unternehmen die Transparenz wird, desto mehr darf sich der Konsument als der Mächtige fühlen, der kontrollieren, überwachen, alles sehen kann. Doch da er, anders als ein Gott, nur über endliche Ressourcen verfügt, kann er so viel Transparenz gar nicht nutzen. Die Macht verwandelt sich vielmehr in Ohnmacht, und wo alles sichtbar wird, leidet der Rezipient an Unübersichtlichkeit und geht schlimmstenfalls – wie bei jenem Faltblatt – in einem Strudel an Informationen unter. Beispielhaft beschrieb der Journalist Stefan Kuzmany ein solches Ohnmachtserlebnis, das ihm widerfuhr, als er der Herkunft eines einzelnen Hühnereis nachgehen wollte. Zwar führt der Zahlencode, der auf jedem Ei aufgedruckt sein muss, auf eine konkrete Spur, doch wer ihr folgt, landet nicht nur in wahnwitzigen Link-Kreisläufen, sondern bekommt früher oder später auch das Gefühl, sich nur noch zwischen potemkinschen Dörfern hin und her zu bewegen. Zur Überforderung durch zu viel Transparenz kommt also noch der Verdacht, getäuscht zu werden. Schließlich kapituliert der aktive und verantwortungsbewusste Konsument und weiß gar nicht mehr, was er denken soll.[35]

Doch sosehr er gar nicht in jedem Fall studieren und überprüfen kann, was ein Unternehmen an Hintergrundinformationen offenlegt, so sehr wird es dem Konsumenten doch zum selbstverständlichen Anspruch, jederzeit zumindest die Möglichkeit zu haben, sich detailliert über alles zu informieren. Für ihn ist klar: Dass der Kunde König ist, heißt mittlerweile, ihm den Platz im Zentrum eines Panoptikums zuzugestehen. So darf sich kein Unternehmen mehr vor den kritischen Blicken der Konsumenten sicher fühlen und ist daher klug beraten, von vornherein so viel wie möglich von sich preiszugeben.

Das aber bewirkt einen Paradigmenwechsel. Immerhin wurde die Majestät des Kunden in den letzten Jahrzehnten nur so interpretiert, dass ihm noch die geheimsten – ihm selbst vielleicht verborgenen – Wünsche erfüllt werden sollten. Die zahlreichen Methoden der Marktforschung zielten alle auf einen gläsernen Konsumenten, der exakt das angeboten bekommen sollte, wonach es ihn verlangte. Das neue Ziel hingegen ist der gläserne Produzent und damit die größtmögliche Transparenz aller Prozesse von der Planung über die Herstellung der Produkte bis hin zu ihrem Transport und ihrer Darbietung am ›Point of Sale‹. Zwar erklärt man den Kunden nach wie vor nur deshalb zum König, weil man an sein Geld will. Doch ist es ein erheblicher Unterschied, ob man ihn durchleuchtet oder sich selbst.

adidas
tahiti
DOP
seischön
Duschgel
NON STOP!
Dove
ZIRH
CULTURE & Consumption
NO SHOPPING!
NEW
NIVEA
FOR MEN
SPORT
dusch das
Abend Sonne
Bioré
RAMUS
CATTIER
GEL DOUCHE
OXY
DEEP SHOWER

III Situationsfaschismus

Konsumgesellschaften seien Wegwerfgesellschaften. Diese Bemerkung lässt kein Konsumkritiker unerwähnt, und in Zeiten von Rohstoffknappheit und Umweltverschmutzung wird daraus sogar das stärkste Argument gegen die Gewohnheit, Zeit und Geld für den Erwerb immer neuer Dinge zu verwenden. Nicht nur der Einzelne, sondern die Gesellschaft im Ganzen erscheint dann als ›fashion victim‹, als Opfer eines von Produzenten und Händlern forcierten Warenkreislaufs, bei dem mühsam verdientes Geld schnell zu Müll wird und damit Probleme für die Um- und Nachwelt erzeugt. Ein lange tradiertes Misstrauen gegenüber Moden jeglicher Art artikuliert sich so in einer zeitgemäßen ökosozialen Version. Mit verschwörungstheoretischer Tendenz wird zudem unterstellt, Trends und Hypes, der jeweils letzte Schrei und alle Must-haves seien nur Folgen einseitigen Profitinteresses. Die Werbung habe den Zweck, Druck zu erzeugen und den Konsumenten einzureden, sie blamierten sich, wenn sie sich unzeitgemäß gewordener Dinge nicht schleunigst entledigten und dafür das Neueste kauften.

Beispielhaft entfaltet der Soziologe Zygmunt Bauman diese Sicht auf die Konsumgesellschaft. Sie könne »nur« eine Gesellschaft »der verschwenderischen Abfallproduktion« sein; dabei sei das Leben der Konsumenten »zwangsläufig eine endlose Abfolge von Versuch und Irrtum«, nie werde es gelingen, einen »Weg in ein zuverlässig kartiertes und mit Wegweisern versehenes Land der Sicherheit« zu finden. Dass der Konsument vielmehr immer in Sorge sein müsse, das Falsche zu kaufen oder um sich zu haben und sich als geschmacklos, altmodisch oder unprofessionell bloßzustellen, liege an den täglich auf ihn einwirkenden Anzeigen und Artikeln in Lifestyle- oder Modemagazinen, die davon berichten, was man »in diesem Herbst« oder »in der kommenden Saison« besitzen müsse.[36]

Auch wenn in einigen Milieus scharf darüber gewacht wird, ob der Einzelne bestimmte Konsumentscheidungen getroffen hat und über die Aufmerksamkeit und Kaufkraft verfügt, den jeweiligen Moden Folge zu leisten, ist Baumans Analyse der heutigen Konsumkultur ungenau und ihrerseits antiquiert. So verlieren in einer hochgradig individualistischen Gesellschaft Modediktate an Autorität, weshalb man sich, anders als noch vor wenigen Jahrzehnten, unabhängig von dem als souverän zu profilieren vermag, was Moderedakteure oder Marketingabteilungen vorgeben. Vor allem aber ist es den Anbietern gelungen, andere Wege zu finden, damit Konsumenten immer noch weiter Dinge kaufen, obwohl sie eigentlich schon alles haben.

Dem Prinzip ›Mode‹ ist ein zweites Prinzip hinzugefügt worden, das man als Prinzip ›Situation‹ bezeichnen könnte. Statt auf der Höhe der Zeit zu sein, geht es hier darum, auf die Höhe des Moments, den man jeweils gerade erlebt, zu gelangen. War es schon früher etwa bei Kleidung üblich, je nach Situation etwas anderes anzuziehen, in der Oper also nicht dasselbe zu tragen wie auf dem Sportplatz, bei der Arbeit nicht dasselbe wie auf einer Familienfeier, so hat dasselbe Maß an Differenzierung mittlerweile in viele Bereiche Einzug gehalten.[37] Am Feierabend und auf einer Party, beim Sonntagsausflug mit dem Fahrrad und als Starter vor einem Menü trinkt man jeweils einen anderen Typ – eine andere Marke – von Bier. In vielen Haushalten gibt es heutzutage einen Toaster für den Alltag, wenn es schnell gehen muss, und ein zweites Gerät, mit dem das Familienfrühstück am Wochenende zelebriert wird. Und während ein Disco-Besucher am Freitagabend, der auf etwas mehr hofft, Kondome einsteckt, die eine »Fun Explosion« versprechen, wird das junge Paar, das sich langsam angenähert und das erste Mal in romantischer Stimmung Sex hat, lieber ein Produkt verwenden, das damit wirbt, »gefühlsecht« zu sein.

Handelt das Prinzip ›Mode‹ davon, ein Produkt durch ein anderes zu ersetzen, wird mit dem Prinzip ›Situation‹ das Ziel verfolgt, ein Produkt um ein weiteres – besser: um viele weitere – zu ergänzen. Mehrere Varianten eines Produkttyps können also parallel gelten; sie geraten insofern nicht in Konkurrenz, als sie in unterschiedlichen Situationen Verwendung finden. Solange der Platz noch reicht, kommt man daher um das Müllproblem herum, hat aber irgendwann zehn Tees im Küchenschrank und ähnlich viele Duschgels und Parfüms im Badezimmer. Dass sich die durchschnittliche Wohnfläche, die einem Einzelnen zur Verfügung steht, in den letzten Jahrzehnten mehr als verdoppelt hat, ist sowohl Voraussetzung als auch Folge einer situationsspezifischen Inszenierung und Vermarktung von Produkten. Das Prinzip ›Situation‹ steigert also ähnlich wie das Prinzip ›Mode‹ den Ressourcenverbrauch, doch führt es bisher nicht so offenkundig zu ökologischen Problemen und entgeht Konsumkritikern daher leicht in seiner Relevanz.

Die Methode der Hersteller besteht darin, nicht nur zu überlegen, wem man ein Produkt verkaufen will, sondern darauf zu achten, für welche Anlässe dieses passend ist. Wann kaufen, essen oder verschenken Leute Schokolade? In welchen Situationen wird ein Energy-Drink konsumiert? Für welche Arbeitsgänge benötigt man Messer in der Küche? Nach und nach wird der komplette Tagesablauf, mit Unterstützung der Marktforschung, in all seinen Situationen durchleuchtet, um Dinge anbieten zu können, die den jeweiligen Erwartungen, dem Stellenwert einer Tätigkeit und den dabei erlebten oder auch nur gewünschten Emotionen entsprechen. Wer morgens duscht, um für einen anstrengenden Arbeitstag frisch zu sein, dreht die Brause in einer anderen Stimmung auf als jemand, der sich abends vom Stress des Alltags erholen will. Und Duschen

nach dem Sport ist nicht zu vergleichen mit einer Dusche, die dazu dient, sich aufzuwärmen oder zu verwöhnen. Warum also sollte man in allen Fällen dasselbe Duschgel verwenden?

Nachdem Hersteller einzelne Dusch-Situationen identifiziert haben, entwerfen sie dazu passend verschiedene Produktvarianten. Ein Duschgel zur Entspannung heißt also etwa *Beruhigender Abend*, ein anderes, das auf einen Abend eher im fremden Bett als auf dem eigenen Sofa vorbereiten soll, *Energy Risk*. Doch nicht nur der Name, sondern das gesamte Design entspricht der jeweiligen Situation. Damit wird diese aber auch erst genauer definiert und kann intensiver wahrgenommen werden als ohne das Produkt. Im besten Fall trägt jeder Sinnesreiz, der von dem Produkt ausgeht, zum Gesamterlebnis bei.

Das Beispiel *Beruhigender Abend* soll dies veranschaulichen. Allein dass der Name deutsch ist (obwohl der Hersteller aus England kommt) und man in der Muttersprache angesprochen wird, schafft Vertrautheit und wirkt daher beruhigend. (Das sonst bei vielen Produkten übliche Englisch hat hingegen einen Beiklang von Business und Weltläufigkeit, von ›Outdoor‹ und ›Abenteuer‹.) Ein ruhiger Schriftzug – ohne Kursivierung oder Schnörkel – verheißt Stabilität, aber noch wichtiger ist, dass sich die weiße Schrift vor einem dunkelblauen Hintergrund abhebt: Mit keiner anderen Farbe wird so oft Entspannung und Vertrauen assoziiert, weshalb auch die Verpackungen etwa von

Schlaf- und Beruhigungsmitteln bevorzugt blau sind.[38] Die symmetrische Form der Gelflasche sorgt ebenfalls für einen klaren und harmonischen Eindruck; ihre Wölbung lässt sie zudem geschmeidig erscheinen, was die matt schimmernde Oberfläche des Kunststoffs noch bestätigt. Dazu passt, dass sich die Flasche samtig weich anfühlt, wenn man sie in die Hand nimmt.

Doch spielen bei einem Duschgel nicht nur visuelle und haptische Reize eine Rolle. Auch Ohr und Nase sind beteiligt. Selbst wer beim Öffnen der Verschlusskappe nicht eigens auf das Sound-Design achtet, würde zumindest merken, wenn es den Gesamteindruck störte. In diesem Fall aber klingt es wie ein leichtes – und erleichtertes – Seufzen, so als würde in dem Moment, in dem man das Duschgel benutzt, schon die Entspannung einsetzen: Als dürfe man befreit ausatmen und den Stress loswerden.

Die Gelmasse riecht dezent und ist nicht stark parfümiert, der auf der Packung angekündigte Sandelholzduft verspricht ein Flair von Wärme. Dass das Gel weiß und cremig wie Sahne aus der Flasche kommt, wird erst recht als Verwöhnung empfunden. Dabei suggeriert das Weiß nicht nur, man könne alles Unangenehme von sich abwaschen und rein werden, sondern erinnert zugleich an Muttermilch – so als dürfe man in eine heile Welt ohne Entfremdung, in ein behütetes Zuhause zurückkehren.

Nachdem der Charakter des Produkts dank der Choreographie der verschiedenen Sinnesreize wahrgenommen wurde, lässt er sich durch den Begleittext auf der Rückseite der Flasche nochmals rational bewusst machen. Hier sind nicht nur der »Stress und die Belastungen des Tages« angesprochen, denen etwas entgegengesetzt werden müsse, sondern das Duschgel wird auch mit der Bemerkung empfohlen, »für die Pflege von Haut und Seele« sei »abends eine gute Zeit«. Das Gel bietet somit eine Spielart der Psychotherapie, es ist die milde Variante eines Antidepressivums, so als könne man damit wirklich Frust hinter sich lassen, abschalten, sich regenerieren.

Zuerst ist die Inszenierung eines solchen Duschgels im Laden relevant, denn hier kann es im Zuge eines ›multisensory enhancement‹ innere Bilder hervorrufen und vorhandene Wünsche bestätigen. Wer gerade gestresst ist, wird sich, angeregt von den Sinneseindrücken des Produkts, den idealen beruhigenden Abend vorstellen und es genießen, auf Distanz zum aktuellen Zustand gehen zu können. Vermutlich bleibt es dann auch nicht bei nur einer Konsumentscheidung. Vielmehr geben die inneren Bilder vor, welcher Tee oder Wein, welche Duftkerzen, was für ein Buch oder welche Musik noch zu einem solchen Abend gehören. Ist man dann zuhause und hat alle Ingredienzien des beruhigenden Abends beisammen, müssen sie sich in der Anwendung bewähren. Nun wird die Inszenierung ein zweites Mal wichtig, der Geruch des Gels muss dann also auch auf dem Körper als angenehm empfunden werden, seine Konsistenz so sein, dass man sich davon gesalbt fühlen kann und es etwas dauert, bis es in die Haut eingezogen ist. Auf diese Weise verlängert sich die Zeit, in der man sich um sich kümmert, und dieser Akt der Selbstsorge wirkt als Trost und Beschwichtigung; man kann sich wieder auf sich selbst konzentrieren.

Das Duschgel wird so zur Initiation für den Abend, der sich daran anschließt. Gewiss mögen die Musik oder eine Lektüre letztlich wichtiger für sein Gelingen sein als das Gel, weil man mehr Zeit damit verbringt oder stärkere Emotionen dabei entwickelt. Doch bereitet ein Produkt wie *Beruhigender Abend* der Lektüre auf dem Sofa erst den Raum; als passgenaues Stimmungsaccessoire dient es dazu, die Situation eines solchen Abends bewusster und stärker zu empfinden, ihn aber auch erst in seinem spezifischen Charakter zu definieren.

Tatsächlich leisten viele Produkte heutzutage beides: Sie fungieren als Verstärker, bestätigen und überhöhen also, was ohnehin schon an Erwartungen gegenüber einer Situation vorhanden ist. Zugleich konfektionieren sie diese erst zu einem Erlebnis; sie wirken determinierend und bestimmen, was genau zu ihr gehört und was sie von anderen Situationen unterscheidet.

Eine Choreographie der Emotionen ist mittlerweile zum täglichen Programm geworden. Es greift nicht nur bei der Auswahl von Musik oder dessen, was man im Fernsehen anschaut, sondern wird selbst beim Kauf von Nudeln, einer Tafel Schokolade oder eben eines Duschgels relevant. So modellieren Gebrauchsgüter viel mehr als früher die jeweilige Lebens- und Erlebniswelt; sie werden immer wieder gezielt dazu eingesetzt, Stimmungen und Situationen zu verstärken, zu überhöhen, zu verändern. Mehr denn je stimmt, was Norbert Bolz in seinem *Konsumistischen Manifest* (2002) bemerkte: Während von Produkten zuerst nur Bedürfnisbefriedigung und später Verführungskraft verlangt wurde, trete man ihnen heute mit dem Imperativ »Verändere mich!« gegenüber. Ein Konsumartikel sei daher »zum Medium der Transformation des Kunden« geworden: »Wie bei Erziehung und Therapie geht es hier um ›people processing‹.«[39]

Das Idealbild, das man von einer Situation besitzt, ist nicht nur durch Filme oder Romane konstituiert, es ist ebenso wenig nur über Eltern und Freunde vermittelt, sondern gleichermaßen ein Erzeugnis von Konsumprodukten. Diese wirken abgesehen von ihrem Design auch dadurch, dass sie in Lifestyle-Magazinen inszeniert oder in Werbespots innerhalb einer größeren Lebenswelt vorgeführt werden. Das alles schafft Normen des Erlebens und Verhaltens. Daher erscheint es auch als unangemessen, ein spezifisches Produkt in einer anderen Situation als der definierten zu verwenden. *Beruhigender Abend* am Morgen eines Tages zu benutzen, an dem eine Prüfung oder ein Bewer-

bungsgespräch ansteht, würde als unsensibel oder gar kontraindiziert empfunden und höchstens dann zur coolen Geste, wenn der Konsument sich damit ironisch verhielte. (Dass es sogar ein künstlerisches Projekt sein könnte, Produkte konsequent in anderen als den vorgegebenen Situationen zu verwenden, deutet an, wie normierend das Produktdesign geworden ist und wie sehr ein davon unabhängiger Gebrauch als originell oder gar subversiv-provokant wahrgenommen würde.)

Produkte erfüllen heutzutage sogar die Funktion von Benimm-Ratgebern; sie führen durch das Leben, und mit sanftem Druck geben sie vor, wie man sich zu verhalten hat. Je genauer sie in ihrem Situations- und Stimmungswert definiert sind, desto klarer ist auch, wann sie passen und wo man sie nicht anwenden darf. Ebenso legt ein Produkt nahe, welche anderen Produkte in derselben Situation verlangt sind. So konstituieren die Konsumprodukte insgesamt – um an einen Begriff aus der antiken Rhetorik zu erinnern – ein Decorum-System, also ein Regelwerk von jeweils Angemessenem. In der Rhetoriktheorie seit Aristoteles wurden beispielhaft Kategorien dafür entwickelt, wie man sich in bestimmten Situationen – in diesem Fall als Redner – zu verhalten hat. Gemäß Aristoteles sollte ein Akteur »Affekt und Charakter« ausdrücken, was aber »in der rechten Relation zu dem zugrundeliegenden Sachverhalt« zu stehen hatte. Der Redner musste also genau wissen, welche Sprachform oder Stilmittel er jeweils verwenden durfte, um nicht über erhabene Sujets flapsig, über Banales hochtrabend zu sprechen.[40] Cicero sah die Leistung eines Redners sogar ausdrücklich als Sonderfall der Leistung an, die jeder Mensch im alltäglichen Leben zu erbringen habe: Nichts sei schwerer, als passend zur jeweiligen Situation zu agieren, sehr oft würden hier Fehler gemacht. Weiter führte er aus, welche Umstände zu berücksichtigen seien. So müsse ein Redner Ort und Zeitpunkt seines Auftretens, aber genauso den Status seines Publikums, also das Milieu, in dem er sich bewegt, bedenken.[41]

Musste der Mensch der Antike vor allem berücksichtigen, welche Gesten, Floskeln und Redewendungen wann angemessen waren, musste er ferner Codes in Kleidung oder Körperschmuck beachten und gesellschaftlichen Hierarchien folgen, so wird der heutige Bürger einer Konsumgesellschaft viel mehr durch die Vorgaben zahlreicher Produkte in seinem Verhalten gelenkt. Andere Normierungen mögen in einer individualistischen Gesellschaft an Stellenwert verloren haben, doch in der Summe dürfte das alltägliche Leben genauso streng von Konventionen geprägt sein wie in früheren Epochen. So fällt heute schon unangenehm auf, wer in einem Club Sportschuhe der ›falschen‹ Marke trägt, bei einer Einladung einen Wein aus einernicht angesagten Region oder zu niedrigen Preisklasse serviert, ohne Tracht auf das Oktoberfest geht, ein erstes Date in einem Lokal mit Selbstbedienung vereinbart oder als Biker auf das typische Zubehör – von Helm über Brille bis zu Handschuhen – verzichtet. Lifestyle-Zeitschriften sind voll von Styling-Tipps, die so weit gehen, dass einem sogar erklärt wird, was man auf einer Party in Berlin im Unterschied zu einer in Oslo oder Peking tragen und bei sich haben sollte. Dabei hängen das Prinzip ›Mode‹ und das Prinzip ›Situation‹ eng miteinander zusammen, ändern sich doch die Accessoires, die eine bestimmte Situation konstituieren, sowie der Umgang mit ihnen zum Teil sehr schnell und abhängig vom jeweiligen Milieu.

Viele der stark determinierenden Produkte sind auch als Geschenke beliebt und geeignet, lassen sie sich dann doch gut als Botschafter einsetzen. Wer ein Duschgel des Typs *Beruhigender Abend* schenkt, will dem Beschenkten etwa signalisieren, dass er ihn für gestresst hält oder an einer schwierigen Lebensphase Anteil nimmt. Oder das Geschenk wird zum Symbol dafür, dem anderen sinnvoll und schön gestaltete Zeit zukommen lassen zu wollen, ihm eine bestimmte Erfahrung zu ermöglichen oder auch dezent einen Hinweis zu geben, sich mal zu entspannen oder etwas mehr an sich selbst zu denken. So wird der imperativische Charakter der Produkte von Seiten des Schenkenden genutzt, Einfluss auf das Leben eines anderen zu nehmen, ohne sich zu direkt mit erhobenem Zeigefinger einzumischen.

Genauso eignen sich stark designte Produkte dazu, jemandem, der schon alles hat, ein situationsspezifisches Geschenk zu machen. In diesem Fall wird vielleicht sogar ein komplettes Sortiment an Artikeln zusammengestellt, die zu einer bestimmten Situation gehören. Man verschenkt dann eher die Idee zu dieser Situation als die Produkte, setzt mit ihnen eine Fiktion in Szene, die man dem anderen zukommen lässt wie sonst den Besuch eines Events oder die Eintrittskarte für einen Kinofilm. So werden die Accessoires einzelner Situationen durch Geschenke auch noch verbindlicher definiert. Hier konsolidieren sich Decorum-Regeln und gelangen in ihrer sozialen Dimension zur Geltung.

Eine zunehmend wichtige Rolle spielen zudem ›Points of Sale‹. So inszeniert man in Buchhandlungen oder Haushaltswarengeschäften Themen und Lebenswelten, von der Duftkerze bis zum Wein. In Buchhandlungen zeigt sich dabei, wie nahtlos eine literarische Fiktionalisierung in eine Überhöhung einzelner Lebenssituationen übergehen kann, also Stimmung und Charakter eines Buches von zahlreichen Dingen aufgenommen und fortgesetzt oder intensiviert werden. Zu einem in London spielenden Thriller gibt es dann Afternoon Tea, Cakes und Drops. Ausgehend von einem Buch wird also eine komplette Situation arrangiert, um es dem Kunden zu erleichtern, sich schon im Laden in die Welt versetzt zu fühlen, die sich sonst erst bei der Lektüre eröffnet. (Auch diese Arrangements sind oft ausdrücklich als Geschenkideen deklariert.)

Klassische Bildungsbürger reagieren meist verstört oder gar empört auf solche Inszenierungen, da sie die Konfektionierung von Situationen als Trivialisierung empfinden, vor allem aber, weil sie von einer Sonderstellung des Buches überzeugt sind, wenn es um Fiktionalisierung und Sinnstiftung geht. Dabei kehren die Verkäufer und Ladendekorateure lediglich um, was die Schriftsteller vor ihnen längst gemacht haben. Wie diese die für eine Situation oder Stimmung typischen Dinge identifiziert und in ihrem Text versammelt und beschrieben haben, nimmt man im Laden die Literatur als Regieanweisung und errichtet Bühnen für die darin auftretenden Dinge.

Tatsächlich wird in der Literatur – sofern sie das Ziel verfolgt, eine Zeit oder ein Milieu zu schildern – in verdichteter Form deutlich, was genau zu einer bestimmten Situation gehört oder was verpönt ist. In den zugespitzten Genrebildern, die Florian Illies von den frühen Nuller-Jahren des 21. Jahrhunderts in Berlin zeichnet, taucht etwa Latte Macchiato als Getränk auf, das jüngere Leute aus der Kunst- und Kreativszene in Cafés bestellen, wenn sie ihren Tätigkeiten auf entspannte Weise nachgehen wollen. Entsprechend wird die Latte Macchiato »immer dann serviert [...], wenn der Kellner gerade die CD von Buena

Vista Social Club eingelegt« hat, ist also, wie die Musik, fester Bestandteil einer Situation, in der sich Arbeit und Freizeit bis zur Unkenntlichkeit vermischen. Aber es geht hier nicht nur um die Situation, sondern auch um das Milieu. Sobald man entdeckt, dass ein eher biederes Magazin wie *Brigitte* eines der Latte-Macchiato-Cafés »als ›Zwischenstopp samstags von sechzehn bis siebzehn Uhr‹ beim ›idealen Berlin-Wochenende‹ empfohlen« hat, wechselt man Ort oder Getränk, um nicht als »verboten mainstreamig« aufzufallen. Oder man befolgt den Code nur noch »in ironischem Sinne«, in der Hoffnung, dass andere das auch so wahrnehmen.[42]

Es verlangt also fortwährend eine differenzierte Aufmerksamkeit sowohl der Handelnden als auch derer, die etwas beobachten, um sich im komplizierten und schnell veränderlichen Gefüge an Codes von Situationen und Moden zurechtzufinden. Wie die Rhetorik in der Antike zu den ›artes liberales‹, den freien Künsten, gezählt wurde und – wie Mathematik oder Grammatik – als anspruchsvolle Kulturtechnik galt, ist heute das Konsumieren und der Umgang mit Konsumprodukten als Kunstfertigkeit anzuerkennen. Nur wer über ein hohes Maß an situativer Intelligenz verfügt, verhält sich nicht peinlich, und umgekehrt wurde diese vielleicht nie stärker trainiert als heutzutage. Um mit den vielen verschiedenen Dingen situationssensibel umzugehen, ist ein enormes Verhaltenswissen erforderlich.

Doch ist ein Decorum-System nicht nur Ausdruck sozialer Faktoren, wie schon zu Zeiten von Aristoteles und Cicero; vielmehr entwickelt der Einzelne auch für sich allein oft klare Vorstellungen davon, was in einer Situation möglich, notwendig oder ausgeschlossen ist. Dass Produkte heutzutage normativ wirken und eine Tätigkeit oder ein Erleben stark interpretieren, verleiht ihnen eine wichtige Stellung hinsichtlich der Selbsterfahrung dessen, der sich ihrer bedient.

So beschreibt die US-amerikanische Autorin Judith Levine, die ein Jahr lang auf jeglichen nicht-überlebensnotwendigen

Konsum verzichtete, die Ängste und Schwierigkeiten, die ihr daraus erwuchsen. Besonders schlimm erging es ihr, als sie ihre Sportsocken – der Marke *SmartWool* – verlegt hatte, musste sie doch beschämt feststellen, nicht mehr ohne sie auf die Piste zu können: »Wie kann ich ohne meine Socken Ski fahren? Wie kann ich unter diesen Umständen Höchstleistung erwarten – oder überhaupt eine Leistung?« Da das für die Situation so wichtige Element fehlt, muss der Ausflug entfallen. Doch noch mehr als unter diesem Verlust leidet die Autorin daran, dass ein Paar Socken so viel Macht über sie ausübt. Als generell konsumkritisch orientierte Person spricht sie sogar von einer »beinahe pathologisch enge[n] Beziehung«, die sie zu ihren Socken entwickelt habe, und beklagt, dass »in dem Augenblick, da ich diese Socken kaufte, [...] ein vollkommen ausreichendes Produkt (meine pinkfarbenen Polyestersocken) unzureichend, kurz darauf sogar unerträglich« wurde.[43]

Die Polyestersocken waren vergleichsweise unterdeterminiert, durch sie konnte das Skifahren nicht genügend als Situation erlebt werden, in der man sich als sportlich und leistungsfähig, als jemand mit einem spezifischen Können beweist. Und nachdem die anderen Socken, die ihren Träger in die Rolle eines Profis versetzen, umgekehrt aber – anders als die Polyestersocken – zur Hausarbeit oder beim Entspannen auf dem Sofa unpassend sind, eine Erlebnissteigerung geboten hatten, waren sie unentbehrlich geworden. Wie man einen erlangten Status nicht gerne preisgibt und sich nur unfreiwillig damit abfindet, etwas als perfekt Empfundenes durch unvollkommene Alternativen zu ersetzen, fiele es auch schwer, eine Situation wie das Skifahren wieder profan und unspezifisch zu erleben. Haben die Socken eine Norm definiert, gerät der Verzicht auf sie zu einem Manko.

Die Aufwertung des Konsumenten zum Profi ist aber zu einem so beliebten Trick der Produzenten und Designer geworden, dass es kaum noch möglich ist, einer Tätigkeit unambitioniert nachzugehen. In der entwickelten Konsumgesellschaft ist es geradezu ausgeschlossen, noch irgendwo Laie zu sein und auf das Erleben konzentriert definierter Situationen zu verzichten. Vielmehr wird man allenthalben zu Engagement angehalten und von den Dingen – vom Turnschuh über die Zahnbürste bis zur Kaffeemaschine – wie von Trainern in die Mangel genommen. Dass sie befehlen, was man wie zu tun hat, führt zu einer neuen Form von Stress: Man muss oft mehr bieten, als man eigentlich will, nur um nicht als Versager dazustehen, der von seinen eigenen Dingen vorgeführt wird.

Doch nicht nur daran zeigt sich, dass Produkte, die eine Situation determinieren, den Konsumenten zugleich einschränken und ihm Zwänge auferlegen. Ähnlich folgenreich ist, dass zu einer Situation üblicherweise zahlreiche Dinge gehören. So gibt die Inszenierung eines Produkts einen vergleichbar starken Inszenierungsgrad der anderen Dinge derselben Situation vor. So wurde Levine zum Kauf ihrer Skisocken nur verleitet, weil sie davor schon teure Skischuhe angeschafft hatte. Durch jedes ambitionierte, situationsspezifische Produkt gerät man so in eine Konsumspirale; es nötigt zu einer Nachrüstung, immer droht die von ihm konstituierte Norm durch andere an der Situation beteiligte Dinge verfehlt zu werden. Was nützt es, wenn man zwar mit *Beruhigender Abend* geduscht hat, auch den entsprechenden Gute-Abend-Tee trinkt und sogar die passende Duftkerze brennt, man aber keinen wirklich flauschigen Hausanzug besitzt und daher in etwas weniger bequemer Kleidung auf dem Sofa liegen muss?

Determinierende Produkte verlangen also die Erfüllung eines Gesamtsets an sinnlich-semantischen Qualitäten, und sobald nur ein Teil davon fehlt, entsteht eine Unruhe; die gesamte Situation erscheint verpatzt.[44] Und je mehr einzelne Situationen überhöht sind, desto eher steigen auch die Ansprüche anderen Lebensbereichen und Tätigkeiten gegenüber: Wer einen entspannten Abend intensiv erlebt, will einen romantischen oder einen ausgelassenen Abend genauso perfekt in Szene setzen können. Damit wird das Prinzip ›Situation‹

problematisch, weil es in noch größerem Ausmaß als das Prinzip ›Mode‹ für fortwährenden Konsumdruck sorgt. Eine Grenze bei der Professionalisierung von Erlebnisstandards ist kaum auszumachen.

Außerdem werden fortwährend zusätzliche Situationstypen – und damit verbundene neue Typen von Produkten – entwickelt. Man denke nur an die vor zwei Jahrzehnten noch völlig unbekannte Idee eines Wellness-Wochenendes, bei dem alle Sinne gleichermaßen angesprochen werden, indem Massagen und Sauna, Speisen und Getränke, Düfte und Aromen, Musik und Bewegung zu einem Gesamtereignis choreographiert sind. Aber auch der Freizeitsport oder das Hobbykochen hätten keine so große Karriere erfahren, gäbe es nicht fortwährend zusätzliche Anreize in Form immer noch weiter spezifizierter Ausstattungsstücke und noch professionelleren Zubehörs. Eine Zitronenpresse, die einen halben Meter hoch ist, oder eine Muskatmühle, die hundertmal so groß ist wie die Nuss, die sie reiben soll, lassen es gar nicht mehr zu, die jeweilige Tätigkeit beiläufig zu betreiben.

Schon im Laden übernehmen diese Dinge die Regie, nämlich über den inneren Film, der in Gang kommt, wenn man sich ausmalt, wie man seine Familie, den Partner oder gute Freunde bekocht, Lob für so viel Könnerschaft bekommt und lange Wochenenden in der eigenen Küche verbringt. Je markanter und spezialisierter ein Küchengerät gestaltet ist, desto eher kann es auch verheißungsvolle Zukunftsbilder entstehen lassen. Soziologen fanden in Studien heraus, wie stark Kaufentscheidungen davon beeinflusst werden, dass die streng definierten Kochutensilien die Hoffnung wecken, es ließen sich mit ihnen neue Praktiken einführen und Situationen des Kochens positiver und emotionaler erleben.[45]

Ein Küchengerät hingegen, das für vieles taugt – eine Allzweckreibe im Unterschied zu jener Muskatmühle –, ist zu unverbindlich, um einen inneren Film beginnen zu lassen. Ebenso wenig eignet es sich dazu, bestimmte Situationen zu inszenieren oder mit Bedeutung aufzuladen. Andererseits kann es jedoch passieren, dass Dinge zu stark auf eine einzige Situation zugeschnitten sind und diese zu sehr ritualisieren, um für eine alltägliche Verwendung überhaupt noch geeignet zu sein. Sie überfordern den Nutzer, weil sie zu viel Bewusstheit, zu viel Bedeutung und Emotion verlangen. Ihren Imperativen und ihrer Regie entzieht man sich dann durch Boykott. Sie bleiben im Schrank. Doch erliegt der Konsument auch leicht der Versuchung, gleich etwas Neues zu kaufen, das seinerseits schöne innere Filme zum Laufen bringt. Und so ist es für die Hersteller letztlich doch von Vorteil, wenn sie durchweg streng determinierende Produkte entwickeln.

Wer will, kann sein Leben heutzutage als fugenlose Abfolge von Situationen führen, die vom Marketing konfektioniert werden. Dass dieses sich dabei meist von Ergebnissen der Marktforschung leiten lässt, die wiederum Wünsche der Konsumenten darzustellen versucht, relativiert zwar den imperativen Charakter der Produkte – sie konfrontieren den Konsumenten lediglich mit seinen eigenen Erwartungen –, ändert jedoch nichts an der Determination, die von ihnen ausgeht. Und so ist man fortwährend damit beschäftigt, Situationen zu optimieren, sofern sie erst einmal durch einzelne Produkte Gestalt anzunehmen begonnen haben. Statt alles auf die individuellen Ansprüche zuzuschneiden, will man vor allem den Situationen gerecht werden. Ihre Perfektionierung wird zum Hauptanliegen, dem alles andere untergeordnet ist, zumal man sich selbst ohnehin als unterlegen erfährt. »Sie übertreffen mich«, stellte Levine schon hinsichtlich ihrer Socken fest.[46]

Die Konsumkultur ist damit mehr als nur ein Decorum-System, das das Leben strukturiert und Verhaltensunsicherheiten zu überwinden hilft. Vielmehr hat sich aus der starken Inszenierung der Produkte, wollte man es polemisch formulieren, ein Situationsfaschismus entwickelt. Der Einzelne wird, falls er sich den Imperativen nicht grundsätzlich verweigert, auf die Rolle eines Erfüllungsgehilfen reduziert. Er eilt von einer Situation zur nächsten, um die jeweils angesagten, teuer erworbenen Dinge zu verwenden. Zwar lässt sich so tatsächlich vieles aufregender und professioneller erleben, zugleich jedoch wird man immer wieder mit der eigenen Mangelhaftigkeit konfrontiert, weil irgendein Accessoire fehlt oder nicht genau passt.

…haft Bedürfnisse und
…cht

ALPINA
mythos
DIE ENTDECKUNG DES GEISTES
W. F. OTTO · DIE GÖTTER GRIECHENLANDS
NON STOP!

IV Konsumpolytheismus

Allerdings ist auch eine andere Beschreibung möglich. Oder sollte man nicht anerkennen, wie sehr Dinge dazu beitragen, in diversen, gerade auch ungewohnten Situationen Führung zu geben? Mit ihnen lassen sich Verhaltensweisen einüben, dank ihrer Vorgaben kann man sich sogar an neue Rollen gewöhnen. So reagiert der Markt etwa auf die Unsicherheit werdender Eltern und bietet ihnen eine Vielzahl von Produkten an, durch die sie sich im Umgang mit der neuen Situation betreut und geführt fühlen. Auch sonst findet, wer in eine andere Lebensphase eintritt oder sich als Anfänger auf ein Hobby einlässt, Produktangebote vor, die sich als Wegbegleiter eignen. Und wenn gerade Jugendliche – gemessen daran, wie wenig Kaufkraft sie haben – viel mit Fragen des Konsums beschäftigt sind, könnte dies damit zu tun haben, dass Eltern nur noch selten autoritär erziehen und Schulen mehr Freiräume bieten als früher. Hier haben Konsumprodukte erzieherische und sozialisierende Aufgaben übernommen. Sie helfen bei der Rollenfindung.

Ferner kann man würdigen, wie der Gebrauch stark interpretierender Produkte Menschen dazu bringt, eine größere Sensibilität für Situationen zu entwickeln. Gerade alltägliche Tätigkeiten wie Duschen, Kochen oder Rasieren würden nie so bewusst erlebt, gäbe es nicht entsprechend aufwendig inszenierte Produkte. Mit ihnen gelingt es, noch aus banalen Handgriffen Rituale werden zu lassen. Vor allem aber entwickeln sich durch die Vielfalt an Produktvarianten differenziertere Deutungen und Explikationen der einzelnen Tätigkeiten.

Produktentwickler leisten damit, was man sonst eher von Dichtern oder Künstlern erwartet. So hat etwa David Hockney, lange bevor Duschgels auf den Markt kamen, das Duschen auf mehreren Gemälden als ein Erlebnis in Szene gesetzt, das Entspannung, Verwöhnung und erotische Lust bedeuten kann, auf jeden Fall aber mehr als lediglich eine Hygienemaßnahme ist. *Man in Shower in Beverly Hills* (1964) zeigt einen Mann, der sich unter der Dusche so vorbeugt, dass die Wasserstrahlen auf seinen Rücken treffen und eine massierende Wirkung haben. Die Hände hat er aufgestützt, so als wolle er das Wasser noch länger genießen. Eine großblättrige Pflanze im Vordergrund drückt ihrerseits einen Wunsch nach Erholung aus. Ebenso zeugt ein gedeckter Tisch mit Blumenschmuck im Hintergrund davon, dass Duschen als Teil eines Programms praktiziert wird, das einen ganzen Reigen an Sinnesfreuden umfasst.

Ein anderes Gemälde (*Domestic Scene*, 1963) ist noch expliziter. Hier wird der Duschende nicht nur von den Wasserstrahlen, sondern zugleich von seinem Freund massiert, der von hinten an ihn herantritt und dabei seine Erektion nur notdürftig verbergen kann. Die gesamte Szene ist erotisch aufgeladen. Die Kelche der Blumen eines üppigen Straußes haben dieselbe Form wie der Brausekopf, ein rotes Telefon am rechten Bildrand steht für Promiskuität: Mit seiner Hilfe lassen sich jederzeit neue Dates vereinbaren. Zugleich ist klar, dass hier der Lifestyle einer privilegierten Minderheit gezeigt wird. Die Sportsocken des Mannes verraten ebenso wie ein bequemer Sessel, dass man in diesem Milieu viel Freizeit hat und nicht zu schwer arbeiten muss.

Eine so lustbetonte Interpretation des Duschens war damals ungewöhnlich, vielleicht sogar nur innerhalb des luxuriös-libertären Lebensstils Kaliforniens denkbar, den Hockney porträtierte. Sonst hingegen assoziierte man Duschen in den 1960er Jahren noch primär mit Massenunterkünften und Notdurft, es wurde als effiziente Säuberungsmethode praktiziert. Ein Blick auf die andere Seite des Eisernen Vorhangs, in die DDR, macht das umso deutlicher. So malte 1963 auch Willi Sitte eine Duschszene, und hier sind sogar drei Männer gänzlich

nackt zu sehen. Dennoch liegt nichts ferner als eine erotische Assoziation. Vielmehr handelt es sich um schwere, unförmige Körper erschöpfter Arbeiter, die nach Ende ihrer Schicht den Schmutz von sich waschen. Ihre Nähe zueinander wirkt beengend, freudlos, stumpf, und es findet sich kein Accessoire auf dem Gemälde, das für etwas gute Laune sorgen könnte. Ein nüchterner Kachelboden ist das Einzige, was Sitte noch andeutet: ein weiterer Hinweis auf die profan-kalte Atmosphäre, in der hier geduscht wird.

Doch entsprach eine solche Szene viel eher der Wirklichkeit als die Leisure-Welt Hockneys. Man ahnt, wie viel Arbeit es bedurfte, um das Duschen auch für eine Mehrheit positiv zu konnotieren. Warben die ersten Duschgels in den 1970er Jahren noch defensiv mit ihrer deodorierenden Wirkung, so dauerte es nochmals rund zwei Jahrzehnte, bis das komplette Spektrum an Zusatzerlebnissen, von Entspannung bis Stimulation, in Produktdesign und Marketing variantenreich zur Geltung gebracht wurde und wohl mehr als alles andere dazu beitrug, dass das Duschen zu einem für viele wichtigen und beglückenden Ritual werden konnte.

Inzwischen gibt es Produktvarianten wie *Energy Risk*, die ziemlich genau das verkörpern, was Hockney rund ein halbes Jahrhundert zuvor an Möglichkeiten freigespielt hatte. Die phallische Form des gummiartig sich anfühlenden Behälters zeugt ebenso von einer Verknüpfung des Duschens mit erotischen Abenteuern wie der aufgedruckte Slogan: »No Risk, no Fun« heißt es da, was zu promiskem Verhalten geradezu auffordert. Das grelle Orange nicht nur der Flasche, sondern auch der Gelsubstanz selbst, die aus einer kleinen Öffnung an der Spitze der Verschlusskappe kommt, soll zusätzlich animieren. Diese wiederum ist der Form nach eine Halbkugel, in Größe und vor allem wegen kleiner Dimples einem Golfball ähnlich. Damit taucht auch hier das Motiv des Sports auf, in Szene gesetzt ist ein Lifestyle, der ganz an Freizeit und Spaß orientiert ist.

Ein Gemälde mag ein Ideal anschaulicher zeigen als ein Produkt, doch hat dieses – wie gerade im Fall von Duschgels – den Vorteil, verschiedene Sinne zugleich anzusprechen. Vor allem aber ist es selbst Teil der Situation, die es interpretiert, trägt also dazu bei, dass durch seinen Gebrauch bestimmte Empfindungen regelrecht eingeübt werden. Dabei nehmen Designer einerseits Einfluss auf die Tätigkeiten selbst, verlangen also etwa je nach Produktvariante andere Handgriffe für die Nutzung eines Duschgels, schaffen andererseits aber Assoziationsräume, indem sie Image und Bedeutungen eines Materials, einer Farbe, einer Form in Szene setzen.

Wie stark mittlerweile gerade das Duschen mit Emotion aufgeladen ist, wird auch daran deutlich, dass es zu einem beliebten Motiv in der Literatur geworden ist. So duschen etwa die Protagonisten in Arno Geigers Roman *Alles über Sally* (2010) in für sie einschneidenden Momenten, in der Hoffnung, damit gut in einen anderen Abschnitt des Tages und eine entspanntere Stimmung gelangen zu können. Für die Titelfigur ist das Duschen vor allem auch Anlass, eigenen Erinnerungen sinnlich Raum zu geben, Sally genießt den »wohligen Schoß des warmen Dampfs«. Dessen Geruch ist dabei besonders wichtig, so auch für Alfred, Sallys Ehemann, der das Duschen als geradezu existentiellen Akt erlebt, nachdem in das Haus der Familie eingebrochen und alles verwüstet wurde. »Ich muss mich duschen«, fällt ihm in dieser sehr verletzenden Situation als Ausweg ein, wobei eine Komplikation dadurch entsteht, dass die Einbrecher im Badezimmer ein Fläschchen mit Passionsblumenöl auslaufen ließen, dem vom Marketing eine besonders beruhigende Wirkung bei Nervosität und Angstzuständen attestiert wird. Tatsächlich breitet dieser Geruch sich beim Duschen »seltsam in seiner emotionalen Wirkung« aus, er »zog durch das Haus wie ein offenes Nervengeflecht«.[47]

Dieser Vergleich deutet an, wie fest das Duschen – und ein bestimmter Geruch – eigentlich mit der Erwartung von Entspannung oder gar Erlösung verknüpft ist. Dass in diesem Fall die Einbrecher den Geruch zu verantworten haben, lässt jedoch ausnahmsweise nicht vergessen, wie blank die Nerven liegen. So kommt es zu einer uneindeutigen und damit einmaligen Erfahrung, einer Irritation, die nicht möglich wäre, hätte das Marketing nicht erfolgreich gearbeitet.

Auch wenn noch kein Produktdesign so determinierend war wie heutzutage, gab es dennoch schon in früheren Jahrhunderten Fälle einer Ausdifferenzierung und Regulierung des Verhaltens durch Dinge. Tätigkeiten, die davor eher beiläufig oder schlampig vollzogen wurden, erlebten eine Aufwertung, wurden eigens gestaltet und interpretiert. Sie fungierten als wichtige Faktoren eines zivilisatorischen Prozesses. Der Soziologe Norbert Elias arbeitete in den 1930er Jahren die große Bedeutung der Dingkultur heraus, als er nachvollzog, inwiefern es zwischen dem Mittelalter und der Moderne insgesamt zu einer stärkeren Normierung alltäglichen Verhaltens gekommen war. Zu beobachten sei für diesen Zeitraum eine »zunehmende Straffung und Differenzierung der Kontrollen«, die Menschen seien zu feinsinnigeren sozialen Wesen geworden.[48]

Elias weist dies exemplarisch am Verhalten beim Essen nach. Er kann zeigen, dass viele Anstandsregeln erst im Zuge einer sich spezialisierenden Besteck- und Geschirrkultur entstanden. Diese sei die »Inkarnation eines bestimmten Affekt- und Peinlichkeitsstandards«.[49] War der Gebrauch etwa von Messern schon lange von zahlreichen Verboten und Geboten begleitet, so verfestigten und erweiterten sich die Verhaltensregeln nach Einführung der Gabel, aber auch durch die Unterscheidung zwischen Fleisch- und Fischmessern. Vorstellungen davon, wie sich ein vornehmer Mensch in einer bestimmten Situation gemeinsamen Speisens benehmen sollte, konkretisierten sich dadurch, dass das Design des Tischgeräts zusehends definierender wurde.

Es kam zu einem eigenen Decorum-System und strengeren Reglementierungen. Damit wurde aber auch die Aufmerksamkeit für das Charakteristische verschiedener Speisen geweckt. Bis zum 18. Jahrhundert entwickelten sich unterschiedliche Gabeln und Löffel für Vorspeisen, Hauptgänge und Nachspeisen, auch bei Gläsern ergaben sich neue Varianten, etwa für Wasser, Wein und Bier, dann für Rotwein im Unterschied zu Weißwein, schließlich sogar für einzelne Weinsorten: »Es genügt nicht, statt mit den Händen einfach mit Messer, Gabel und Löffel zu essen. Sondern man bedient sich mehr und mehr in der Oberschicht für jede Speisegattung eines besonderen Geräts. [...] Alle diese Gerätschaften sind verschieden geformt und ausgestattet. Sie sind bald größer, bald kleiner, bald runder, bald spitzer.«[50]

Die Kunstwissenschaftlerin Mimi Hellman zeigte, nicht zuletzt angeregt durch Elias, am Beispiel von Möbeln der französischen Aristokratie des 18. Jahrhunderts, dass Verhaltensweisen und Höflichkeitsstandards subtil vom Design der Tische und Stühle normiert wurden, genauso oder sogar noch wirksamer als von direkten Formen der Erziehung wie etwa Benimm-Ratgebern.[51] So waren die Schubladen, Türen und Geheimfächer eines Kommodentischchens so kleinteilig angelegt, dass sie nur zu öffnen vermochte, wer über eine gut entwickelte Feinmotorik verfügte. Damit aber wurde ein anmutig-dezentes Benehmen eingeübt, das auch in anderen Situationen erwünscht war. Manche Tische waren so komplex – mit so vielen Möglichkeiten, etwas zu verstellen, zu öffnen, zu nutzen –, dass sie zu Medien wurden, mit denen sich kommunizieren ließ. Je nach Gebrauch artikulierte man damit – für Dritte, ihrerseits Geübte erkennbar – andere Wünsche oder drückte Dimensionen der eigenen Persönlichkeit aus, dies jedoch wiederum auf dezente Weise. Möbel sorgten damit für Differenziertheitsstandards, die das Verhalten der Menschen untereinander feinsinniger werden ließen.

Künftige Kulturhistoriker werden für das späte 20. sowie das 21. Jahrhundert einmal ähnliche Beobachtungen machen können wie Elias und Hellman für frühere Epochen. Doch statt dann ihre Aufmerksamkeit auf die bei Tisch verwendeten Gerätschaften oder die Tische selbst (und die dadurch inszenierten Situationen) zu richten, werden sie eher die Entwicklung und Differenzierung von Kosmetikprodukten, Sportartikeln, elektronischen Geräten oder auch Küchenutensilien in den Blick nehmen. Daran werden sie zeigen, wie sich das Verhalten der Menschen innerhalb relativ kurzer Zeit in vielen Lebensbereichen enorm verfeinert hat, bis schließlich kaum noch Felder des Alltags ohne Decorum-System übrig geblieben waren.

Man wird auch die sozialen Vorteile dieses weiteren Prozesses der Zivilisation erkennen und würdigen, wie durch die fortwährende Schulung von Geschmack und Sensibilität die Menschen zunehmend disziplinierter miteinander umgingen. Affektkontrolle gelang schließlich immer besser, und wenn Elias schon für die Jahrhunderte zwischen Mittelalter und Moderne diagnostizierte, dass »von dem Einzelnen eine beständige Bewältigung seiner augenblicklichen Affekt- und Triebregungen« gefordert, in ihm also »gleichmäßige Selbstbeherrschung« gezüchtet worden sei, »die, wie ein fester Ring, sein ganzes Verhalten umfaßt«, dann gilt das umso mehr für eine Zeit, in der eine ungleich aufwendigere Dingwelt das gesamte Leben strukturiert.[52]

Elias verwendet die Formulierung, »in der Kulisse das Alltags« werde das gesamte Gewaltpotenzial, das Menschen in unzivilisierteren Zuständen auslebten, »gespeichert«, davon gehe »ein beständiger, gleichmäßiger Druck auf das Leben des Einzelnen aus, den er oft kaum noch spürt, weil er sich völlig an ihn gewöhnt hat«.[53] Heutzutage aber ist die Kulisse des Alltags aufwendiger ausgestattet denn je; sie ist vollgestellt mit Konsumprodukten jeglicher Art, die ihrerseits Triebe und Affekte sublimiert in Szene setzen und so dazu beitragen, die Menschen zu erziehen.

Der Zusammenhang zwischen Dinggebrauch und sozialer Sensibilität, den Elias und Hellman beobachtet haben, wurde mittlerweile von dem Konsumethnologen Daniel Miller genauer erforscht. Bei Feldstudien in zahlreichen Haushalten gelangte er zu der Erkenntnis, dass sich ein enges, bewusstes Verhältnis zu einzelnen Dingen »förderlich auf unsere Beziehungen zu anderen Menschen auswirkt«.[54] Sofern sich nämlich in Dingen Erinnerungen und Gefühle sammeln, übt man im Umgang mit ihnen, so Millers These, Aufbau und Kultivierung jeglicher emotionalen Bindung. Im Fall eines Ehepaars, das sich hingebungsvoll um alle Details in der eigenen Wohnung kümmert und diese je nach Jahreszeit anders ausschmückt, zugleich aber um ein gutes Verhältnis zu den bereits erwachsenen Kindern bemüht ist, konstatiert Miller »ein[en] enge[n] Zusammenhang zwischen der Pflege, die man Dingen angedeihen läßt, und der Sorge um andere Menschen«.[55] In anderen Fällen, wo ihn eine fast leere Wohnung oder nur geliehene Möbel erwarteten, musste er nach längeren Gesprächen hingegen zu dem Schluss kommen, dass die Bewohner passiv oder traumatisiert sind und daher kein befriedigendes Sozialleben führen können.

Ausdrücklich widerspricht Miller Kritikern, die Konsum als Ersatzbefriedigung bei fehlenden sozialen Kontakten deuten. Allerdings seien Dinge an die Stelle anderer Ordnungsinstanzen getreten. In einer Zeit, in der Staat und Religion für viele an Verbindlichkeit verloren hätten, sorgten die Beziehungen zu Dingen dafür, dass dennoch nicht Unordnung, Willkür und Chaos entstünden. Vielmehr sei »die Art und Anordnung der Dinge im Raum« sinnstiftend. Durch sie »fügen sich die Rituale des Alltags zu einer Ästhetik, die der Welt eine Ordnung, ein Gleichgewicht und eine Harmonie verleiht«.[56]

Damit liefert Miller zugleich eine Antwort auf eine Frage, die er selbst gar nicht stellt. Folgt man seiner Analyse, ist das Prinzip ›Situation‹ nämlich deshalb so erfolgreich, weil Dinge heute insgesamt noch wichtigere Bedeutungsträger sind als früher. Sofern sie den Alltag interpretieren und determinieren, verhindern sie einen Orientierungsverlust, der in einer säkularen und individualistischen Kultur droht. Je spezifischer sie auf bestimmte Situationen hin inszeniert sind, desto besser können sie ordnend wirken und das Bedürfnis des Einzelnen nach Sicherheit und Verlässlichkeit befriedigen.

Einmal mehr zeigt sich daran, wie unzureichend das Ansinnen geworden ist, Dinge primär nach ihrem Gebrauchswert zu beurteilen. Allerdings wird auch nochmals bewusst, was für eine wichtige Rolle Designern und Marketing-Verantwortlichen zukommt, sind doch die Interpretationen, die sie wählen, sowie ihre Vorstellungen von Angemessenheit ein bedeutender Faktor der Sozialisierung. Ferner erscheint die Qualität und Genese vieler Produktinszenierungen in anderem Licht. So braucht man es nicht notwendig zu bedauern, dass Produkte, die mit Hilfe von Marktforschung entwickelt werden, zur Verfestigung von Emotionsmustern und Klischees führen. Zwar findet, wer Konsumenten nach ihren Wünschen fragt, vor allem heraus, was Produkte bisher schon an Erfahrungen vermittelt haben, so dass auf das Duschgel *Beruhigender Abend* Varianten folgen, die *Abend-Symphonie*, *Abendschimmer*, *Seelentröster Kakao* oder *Aroma-Therapie* heißen. Doch sofern die Marktforschung eher konservativ als innovativ wirkt, erfüllen Dinge umso besser das Bedürfnis, Ordnung in das Leben zu bekommen. Rituale prägen sich stärker aus, und anstatt zu beklagen, wie wenig die Marktforschung Neuem eine Chance lässt, kann man würdigen, dass durch ihren Einfluss die angeblich sich beschleunigende und chaotischer werdende Welt doch stabil bleibt.

Ist damit zugleich einem kulturpessimistischen Ressentiment widersprochen, so fällt es schwerer, die Berechtigung anderer Topoi der Kulturkritik zu bestreiten. Oder wie soll man es bewerten, dass dem Marketing die Überhöhung und normierende Wirkung von Produkten oft nur durch das Ausnutzen von Bedeutungsressourcen anderer Bereiche gelingt? Die Produzenten profitieren dabei vom guten Image der Religion, Kunst oder Medizin, ohne diesen Bereichen umgekehrt genauso viel zurückzugeben. Und das führt nicht nur zum Vorwurf parasitären Verhaltens, sondern wirkt vor allem unglaubwürdig. Dies umso mehr, wenn aus jeder alltäglichen Tätigkeit ein superlativisches Event, ein Heilsereignis, eine Heldentat werden soll. Daher ist es nicht verwunderlich, wenn die Anwälte jener anderen Bereiche nur süffisante oder hadernde, auf jeden Fall aber kulturkritische Kommentare für die heutige Produktwelt übrig haben: »Früher hat der Mensch sich die Seele gewaschen, ging beichten. Heute duscht er sich.«[57]

Mit dieser Bemerkung macht der Schriftsteller Arnold Stadler deutlich, dass Produkte wie Duschgels noch so viel Therapie versprechen können und dennoch etwas anderes sind als eine spirituelle Praxis. Er führt eine Reihe weiterer Beispiele für die Verschiebung existentieller Kategorien hin zum Alltäglichen und Kommerziellen an und beklagt dies als Verlust. So sei »die Hoffnung vom Spaß abgelöst, das Verlangen vom Wellness-Bereich, der Mensch vom Verbraucher, die Sehnsucht vom Fit for fun, die Existenz von Schöner Wohnen.« Für den Katholiken, der nach wie vor den Glauben als Ordnungsinstanz hat und daher der Dinge als Sinnstifter nicht bedarf, ist, was er beobachtet, also Anlass für Kulturpessimismus. Anders als Daniel Miller kann er nur Unheil darin erkennen, dass »heute [...] die Zahl der Ikeakatalogleser jene der Bibelleser übertrumpft [hat] und am Sonntag [...] mehr Gläubige ins Fitnessstudio als in die heilige Messe [gehen]«.

Allerdings drückt sich in solchen Bemerkungen auch der Argwohn von jemandem aus, der befürchtet, die Konsumkultur könnte herkömmlichen Autoritäten zunehmend ernsthafter Konkurrenz machen und diese aussaugen, um sich schließlich an ihre Stelle zu setzen. Die Rede ist dann schnell vom Konsum als einer Ersatzreligion; man spricht vom Tanz ums Goldene Kalb, von Götzendiensten, Aberglauben und Fetischismus, um das Verhältnis der Menschen zu Produkten als zu eng, zu erwartungsvoll zu kritisieren. Solche Argumentationsmuster besitzen so lange Tradition, dass sogar jemand wie Judith Levine, die in ihrem Konsumverzichtstagebuch keinerlei religiöse Affinität zu erkennen gibt, sich den Vorwurf macht, ihre Skisocken seien für sie ein »Fetisch« geworden.[58] Warum aber sollte es, abgesehen von der Erfahrung einer engen Beziehung, so schlimm sein, wenn man ein Produkt, das einem gute Gefühle verschafft, von einem anderen unterscheidet, das keine emotionale Reaktion auslöst? Vermutlich ist die Wahl der negativ konnotierten Vokabel ›Fetisch‹ also ein tief sitzender, unreflektiert bleibender christlich-monotheistischer Affekt; darin äußert sich – in spätem Nachklang – die Eifersucht des einen Gottes auf alles, was auch nur ein wenig Sinn und Heil verheißt.

Das Polemische an der Unterstellung, der Konsum sei eine Ersatzreligion, besteht darin, diesem damit einerseits zu unterstellen, die Position einer Religion übernehmen zu wollen, ihm jedoch zugleich vorzuhalten, diese Position nicht ausfüllen zu können und ein bloßer Fake zu bleiben. Suggeriert wird somit ein doppeltes Vergehen: Der Konsumismus gerät in den Verdacht sowohl der Blasphemie als auch des Versagens.

Doch da das erste Gebot ursprünglich gegen polytheistische Religionen formuliert war, muss es heute nicht zuletzt gegen die Konsumkultur gerichtet sein. Immerhin ist diese in ihrer Struktur ebenfalls polytheistisch. Kein Konsumgut und keine Marke nehmen Allkompetenz für sich in Anspruch, aber viele Produkte versprechen, das Profane zu überhöhen, ein wenig Heil zu stiften oder Sinn zu bieten. Das genügt, um in religiöse Dimensionen zu reichen. So spricht Norbert Bolz von einem »Polytheismus der Marken und Moden«, erliegt aber ebenfalls einem monotheistischen Affekt, wenn er den Konsumismus abfällig zur »Religion der Gottunfähigen« deklariert.[59]

Unabhängig von dieser Wertung kann es aber ergiebig sein, die Konsumgesellschaft in einen Zusammenhang mit anderen polytheistischen Gesellschaften zu stellen. Auch in ihnen erklären sich die Menschen ihre Kräfte, markante Situationen oder emotionale Intensitäten mit Mächten und Instanzen, die ihnen überlegen und deren Einflüsse nicht wirklich kontrollierbar sind. Für die antiken Griechen galt etwa, so der Altertumswissenschaftler Walter F. Otto, dass »jedes Gelingen [...] ein unmittelbares Eingreifen göttlicher Mächte anzeigte«. Und weiter: »Jeder Zustand, jedes Vermögen, jede Stimmung, jeder Gedanke, jedes Tun und Erleben spiegelt sich in der Gottheit.«[60]

Während es heute warenästhetischer Evidenz und damit letztlich einem Designer oder einer Werbeagentur zugeschrieben wird, wenn man sich durch ein Duschgel entspannt oder durch ein Deo besonders selbstsicher fühlt, erkannten die Griechen in vergleichbaren Wirkungen einer Salbe das Resultat göttlichen Eingreifens. So bestand Penelope – wie in der *Odyssee* berichtet wird – die Begegnung mit den Freiern, die Odysseus' Abwesenheit nutzen wollten, um an die Macht zu gelangen, nur dank einer Creme, die ihre Gestalt größer und voller erscheinen ließ. Diese Creme verlieh ihr ein Charisma, das sie sonst nicht im selben Maße besaß. Damit aber war klar, dass die Salbe kein menschliches Werk sein konnte, sie stammte vielmehr von Athene, die sich wiederum bei Aphrodite davon bediente.[61]

Dem Diomedes verlieh dieselbe Athene hingegen Kraft und Entschlossenheit, indem sie seine Waffen zum Leuchten brachte.[62] Heute leistet fast jeder Fahrradhelm dank seiner expressiv-aggressiven Gestaltung Ähnliches (und ist vielleicht sogar mit *Mythos* beschriftet!). Wer ihn nur sieht, verfällt sofort in einen

Geschwindigkeitsrausch, und selbst der schnöde Anfänger darf sich damit als Topsportler fühlen. Er nimmt die Rolle eines Tour-de-France-Teilnehmers oder Mountain-Bike-Helden ein, weckt doch schon allein das Strebewerk seines Helms den Glauben an Sieg und Rekorde. Zudem ist die Helmschale in ein Netz aerodynamisch gestylter Pfeilspitzen verwandelt, so als seien aus mäandernden Hirnwindungen zackig-flotte Hochleistungsbahnen geworden. Unterstützt wird diese Überhöhung von den – wiederum jedoch nur aus anderen Bereichen geborgten – Namen, die die Helme tragen: *Maniac*, *Torero*, *Fireball*, *Python*, *Revolution*. Sie geben dem inneren Film zusätzlich Stoff und Emotion und wirken anspornend. Ein passend geformter Helm ersetzt also einen Motivationstrainer und steigert selbst eine harmlose Fahrt zum nächsten Supermarkt zu einem besonderen Ereignis. Dank seines Designs wirkt er so beflügelnd wie ehedem ein Gott.

Daher dürfte ein heutiger Produktdesigner griechische Götter auch als seine Berufskollegen und Vorbilder bezeichnen. Beiden geht es darum, einer Situation einen ebenso klaren wie starken Charakter zu verleihen und die darin agierenden Menschen auf diese Weise zu einem entschlossenen Handeln zu führen. Und jeder Produktdesigner würde als Beschreibung seiner Aufgabe akzeptieren, was der Altphilologe Bruno Snell in einem Aufsatz über die olympischen Götter schrieb: »Wenn der Gott sich zu einem Menschen gesellt, erhöht er ihn und macht ihn frei, stark, mutig und sicher.«[63] Ein Grieche interpretierte das, was er in einem markanten Moment erlebte, als ein Zusammenspiel eigenen und göttlichen Willens, er fühlte sich also ebenso geleitet wie zu aktivem Tun motiviert. »Eine Alternative zwischen menschlicher Selbstständigkeit und Beeinflussung oder Förderung durch die Gottheit« habe es, so Walter F. Otto, »eigentlich gar nicht geben« können. »Was der Mensch will und tut, ist er selbst und ist die Gottheit.«[64]

Wie man sich prägnante Ereignisse mit göttlicher Einwirkung erklärte, suchte man diese umgekehrt durch Opfer oder

Gebete zu provozieren. Man war sich bewusst, schwierige Situationen nicht allein aus eigener Kraft meistern zu können, wandte sich also je nach Wunsch an den einen oder anderen Gott. Generell haben die Menschen in polytheistischen Gesellschaften damit ein konsumistisches Verhältnis zu den höheren Mächten: Sie wählen aus einer Mehrzahl an Angeboten das aus, das ihrer momentanen Situation am besten entspricht. Und sie stellen sich ihre Götter alterslos und gesund vor: zuverlässig in der Lage, die Menschen mit Kraft, Mut, guten Ideen, Fitness, Heiterkeit und Erfolg zu versorgen.

Sosehr Gottheiten mit positiven Eigenschaften und Wirkungen assoziiert sind, so sehr können sie jemanden jedoch auch im Stich lassen und das Erhoffte verweigern. Dann entgleist eine Situation, Akteure – und selbst die größten Helden – versagen, die sonst so schön und anmutig verklärte Welt wird auf einmal profan, kalt, abweisend. Und je mehr sich jemand auf den Beistand der Götter verlässt, desto größer ist das Risiko, von ihnen enttäuscht oder gar bestraft zu werden. Doch endet hier nicht die Analogie zur heutigen Konsumwelt? Oder ist es etwa auch in ihr möglich, dass sich negativ auswirkt und gegen den Verbraucher wendet, was eigentlich nur förderlich sein sollte?

MAGIC MAN
Relentless
Good bye, Logo
MÖVENPICK
tut
gut
molke
Kneipp
Deutscher Aberglauben
NON
STOP!
DER MANN OHNE GELD

V Spiegelkonsumenten

In einer Zeit, in der Kräuterquark und Kaugummi Ausgeglichenheit verheißen, ein Badezusatz gute Laune in Aussicht stellt, ein Molkegetränk mit der Losung »tut gut« für sich wirbt und auf einer Tafel Schokolade, geradezu warnend, der Hinweis steht, sie sei »nur für Ehrgeizige«, während eine andere Geborgenheit verspricht, liegen kritische oder zumindest süffisante Bemerkungen eigentlich nahe. Wie, wenn nicht im Gefühl klarer Überlegenheit sollte man dem vollmundigen Marketing denn begegnen? Allerdings wird, wer ehrlich ist, zugeben müssen, gelegentlich doch schon etwas gekauft zu haben, weil es Fitness, Ausdauer, Harmonie oder Geborgenheit versprochen hat. So unempfänglich man als kritischer Konsument für die Verheißungen der meisten Produktbereiche sein mag, so sehr beeinflussen, individuell unterschiedlich, in einzelnen Fällen oder bestimmten Situationen doch eigene Wünsche das Kaufverhalten und erlauben weder ein Augenzwinkern noch Süffisanz. Zumindest aber wird fast jeder schon einmal etwas nicht gekauft haben, weil er oder sie dessen Verheißungen als unpassend empfand. Wer aber eine Creme, die angeblich stimulierend wirkt, meidet, weil gerade Entspannung angesagt ist, schließt die Wirksamkeit des Produkts offenbar doch nicht ganz aus. So gerne man sich also einerseits über die Versprechungen lustig macht, so wenig steht man andererseits über ihnen. Es ist ähnlich wie mit Horoskopen oder Komplimenten, denen man ebenfalls misstraut, ohne jedoch auf sie verzichten zu wollen. Man ist skeptisch in seinem Nicht-Glauben.

Das Verhältnis vieler Menschen zur Konsumwelt erinnert an eine berühmte Anekdote, die Werner Heisenberg aus einem Gespräch mit Niels Bohr berichtet hat. So habe in der Nähe von dessen Ferienhaus ein Mann über der Eingangstür seines Hauses ein Hufeisen angebracht. »Als ein Bekannter ihn fragte: ›Aber bist du denn so abergläubisch? Glaubst du wirklich, dass das Hufeisen dir Glück bringt?‹, antwortete er: ›Natürlich nicht; aber man sagt doch, dass es auch dann hilft, wenn man nicht daran glaubt.‹«[65]

Heutigen Konsumprodukten begegnet man also auf ähnliche Weise wie Objekten traditionellen Aberglaubens. Und warum sollte man in der Konsumwelt nicht insgesamt eine neue Version einer herkömmlichen Aberglaubenswelt erblicken? Sind nicht alle Gesellschaften darauf angewiesen, Orte für Hoffnungen und Wünsche zu haben, die die Menschen sich aus eigener Kraft nicht erfüllen können? Selbst monotheistische Kulturen haben es nie geschafft, alle Heilserwartungen auf eine einzige Instanz zu konzentrieren und darüber hinausgehende Formen des Glaubens – eben den Aberglauben – zu eliminieren. Dabei dürften viele Abergläubische zu jeder Zeit geleugnet haben, an die helfenden Kräfte eines Objekts oder Rituals zu glauben. Oder sie hatten zumindest Zweifel an dessen Wirksamkeit. Sie waren jedenfalls reflektierter, als es ein etwas simples Weltbild wahrhaben will, dem zufolge es in der Geschichte der Menschheit einen Fortschritt vom Mythos zum Logos, von einer magischen zu einer rationalen Welt gegeben hat. Statt anzunehmen, dass der Aberglaube nach und nach verschwunden ist und die Welt entzaubert wurde, sollte man also eher von einem Wandel der Objekte und Formen abergläubischer Handlungen ausgehen. Worauf ehedem ein Hufeisen hoffen ließ, das verspricht zurzeit dem einen ein Joghurt, dem anderen ein Speiseeis, ein Shampoo oder eine Kaffeesorte.

Der Philosoph Robert Pfaller bestätigt, dass es sich bei Vorstellungen des Aberglaubens um etwas handelt, von dem man nicht fest überzeugt ist. Er bezieht sich auf den französischen Psychoanalytiker Octave Mannoni, wenn er eine »Einbildung, zu der wir Eigentümer, das heißt bekennende Subjekte, vorfinden, als *Bekenntnis* (foi)« bezeichnet und »den *Aberglauben* (croyance)« davon unterscheidet, nämlich als »Einbildung ohne solche bekennenden Eigentümer«.[66] Im Unterschied zu einem strengen Gläubigen – also etwa einem guten Christen – fühlt sich der Abergläubische, so könnte man auch sagen, immer schon sich selbst voraus – in Distanz zu seinem eigenen Verhalten. Und doch verliert dieses nicht an Berechtigung für ihn; es könnte vielleicht doch nützlich sein.

Damit ähnelt der Abergläubische wiederum dem antiken Griechen, der an seine Götter zwar glaubte, dies jedoch ohne unbedingte Überzeugung, wie der Althistoriker Paul Veyne herausarbeitete: »Für einen Griechen wohnten die Götter ›im Himmel‹; aber er wäre nicht wenig überrascht gewesen, hätte er sie tatsächlich am Himmel erblickt.«[67] Der Grieche brachte seinen Göttern auch Opfer, amüsierte sich jedoch zugleich über ausschweifende und drastisch-effektvolle Erzählungen, in denen die Götter alles andere als gut wegkamen. Schon Georg Wilhelm Friedrich Hegel brachte das Verhältnis der Griechen zu ihren Göttern auf die Formel, sie hätten »Ironie in der Verehrung« praktiziert.[68] Die Analogie zur heutigen Konsumgesellschaft ist offensichtlich: Während man Produkte kauft, die besonders Begehrtes versprechen, ist man dennoch konsumkritisch und hat alle Tricks der Wareninszenierung durchschaut. Dass viele Produkte offenkundig übertriebene – uneinlösbare – Versprechen abgeben, ein Deo also etwa Power in Aussicht stellt, legt ein ironisch-distanziertes Konsumverhalten sogar schon nahe. So gönnen die Produzenten den Käufern noch eigens das gute Gefühl, kritisch und überlegen zu sein, wissen aber auch, dass sich das Versprochene doch als Erwartung festsetzt.

Das wiederum ist Grundlage dafür, dass sich einige der Versprechungen auch erfüllen. »Hier fühle ich mich geborgen«, schreibt eine Konsumentin in einem Testbericht über die Schokolade, die auch nichts anderes als Geborgenheit verspricht.[69] Detaillierter äußert sich eine andere Konsumentin, bemerkt sie doch über dieselbe Sorte, es sei »eine Schokolade für solche Menschen, wie ich, die an langen, winterlichen Abenden an Depression leiden, die gewisse Probleme haben und einen Trost suchen. Da ist diese leckere Schokolade genau die richtige, in Verbindung mit zähflüssigem Karamell gibt sie einen echten Trost.«[70] In einem Bericht über ein Mineralwasser, das mit seiner Sauerstoffhaltigkeit wirbt, findet sich der Satz: »Nach einer halben Stunde waren meine Kopfschmerzen wie weggefegt; ich fühlte mich energiereicher.«[71] Und selbst enttäuschte Kommentare sind bezeichnend, da sie verraten, was für hohe Erwartungen von Produktversprechen geweckt werden. So bemängelt ein Tester desselben Mineralwassers, »nicht so viel von der Wirkung [...] gemerkt« zu haben, und nach einiger Zeit, nachdem sich der Verdacht erhärtet hatte, »daß es mir zu wenig bringt«, wieder auf Energy-Drinks umgestiegen zu sein.[72]

Sofern Produkte wirken, passiert das jedoch kaum einmal, weil sie eine besondere objektive Funktionalität besitzen. So fördert Sauerstoff im Mineralwasser die Durchblutung nicht, und in einer Schokolade ist kein Protein enthalten, das Hormone ausschütten könnte, die ein Geborgenheitsgefühl erzeugen. Vielmehr sind die Produkte aufgrund von etwas wirksam, das in Medizin und Psychologie unter dem Namen ›Placebo-Effekt‹ verhandelt wird. Dieses Phänomen ist sonst vor allem aus der Pharmazie bekannt; es liegt vor, wenn ein Medikament oder eine ärztliche Praktik Heilerfolge zeitigen, obwohl keine Gründe dafür nachweisbar sind.[73] Statt eines bestimmten Wirkstoffs ist es der Glaube des Patienten an die Wirkkraft dessen, was ihm verabreicht wurde, woraus der positive Effekt entsteht. Eine Tablette aus Zucker kann Schmerzen lindern, ein ärztliches Handauflegen löst Verspannungen, andere vermeintliche Therapeutika können, so wird immer wieder berichtet, schwere Krankheiten wie Parkinson oder Depressionen lindern oder sogar heilen.

Genauso vermag die präzise Inszenierung eines Produktversprechens zu dessen Erfüllung beitragen. Tatsächlich demonstriert kaum etwas die Möglichkeiten ästhetischer Gestaltung besser als die Existenz von Placebo-Effekten. Immerhin werden sie hier kaum durch Personen mit besonderer Autorität – Medizinmänner oder Ärzte – hervorgerufen und entstehen auch nicht als Folge geheimnisvoller Tätigkeiten wie eines Besprechens oder Beschwörens. Vielmehr ergeben sie sich allein aus dem Produktdesign und der Werbung. Stärker als alle Skepsis und vielleicht sogar jenseits dessen, was bewusst wird, wirkt dann der Glaube, dank eines Produkts stimuliert, entspannt, dynamischer oder konzentrationsfähiger zu werden.

Marketing erzeuge im Wesentlichen Placebo-Effekte, bemerkte Gerald Zaltman, selbst einer der einflussreichsten Theoretiker des Marketing (»much of marketing is about placebo effects«).[74] Dazu werden die Produkte etwa so gestaltet, dass ihnen die Autorität von Arzneimitteln verliehen wird. Geworben wird mit Vitaminen, Proteinen oder Mineralstoffen, und selbst bei Produkten wie Deos suggeriert man, die Inhaltsstoffe könnten in den Stoffwechsel eindringen und damit nicht nur äußerlich wirken. Martin Lindstrom prognostiziert, dass die Pharma-Industrie als »Sensory Pioneer« verstärkt auf andere Branchen Einfluss nehmen und es zu einer Verwischung der Grenzen zwischen ihr und der Kosmetik- oder Nahrungsmittelindustrie kommen werde. Der Zusammenhang zwischen Markeninszenierung und Placebos (»branding and placebos«) nehme an Bedeutung zu.[75] Und tatsächlich entstehen bereits hybride Produkttypen wie Cosmeceuticals – Cremes und Tinkturen, die wie Medikamente auftreten.

Aber auch das führt nur zu einer weiteren Parallele zwischen dem Konsumismus und traditionellen Formen des Aberglaubens. So war es immer üblich, Nahrungsmitteln wie Pilzen oder Kräutern eine therapeutische Qualität zuzusprechen. Der medizinische Charakter ließ sich nach Belieben steigern, wenn man ihn nur geschickt inszenierte und sich Rituale oder Herkunftsgeschichten einfallen ließ. Entsprechend kann heute ein Joghurt oder eine Nachtcreme zum Heilmittel werden, wenn die Verpackung es nur überzeugend genug verheißt. Und da es auf Bauernmärkten nach wie vor frische Kräuter im Angebot gibt, die eine Verbesserung des Gedächtnisses oder ein längeres Leben versprechen, ist sogar für einen nahtlosen Übergang zwischen älteren und neueren Formen des Aberglaubens gesorgt.

Mittlerweile wurden einige der von Konsumprodukten ausgelösten Placebo-Effekte auch genauer erforscht. Dabei widmete man sich verschiedenen Faktoren, die die Autorität eines Produkts beeinflussen können, so etwa dem Verkaufspreis. Am Beispiel von Energy-Drinks testete man, wie Konsumenten darauf reagieren, wenn sie das gleiche Produkt hochpreisig wie im Fachhandel oder aber zum Niedrigpreis etwa in einem Discounter erwerben. Dabei variierte man die Bedingungen des Experiments in mehreren Versuchsreihen.[76]

In einem Fall zeigte man den Probanden vor Beginn der Tests einen Werbefilm, in dem die besondere Qualität des Energy-Drinks – die Steigerung der Konzentrationsfähigkeit – vorgeführt wurde. Eine Teilgruppe, deren Mitglieder nicht nur den höheren Preis zahlten, sondern der auch vorab signalisiert worden war, dass nach dem Lösen von Aufgaben einzuschätzen sei, wie viel der Drink dabei geholfen habe, konnten eine um rund 30% bessere Leistung erzielen als Probanden, die dieselben Aufgaben ohne Energy-Drink zu bearbeiten hatten. Dass sich die Mehrleistung weniger den Inhaltsstoffen des Energy-Drinks als vielmehr einem Placebo-Effekt verdankte, erkannte man angesichts des Verhaltens von Probanden, die denselben Drink zu einem Niedrigpreis erwarben. Sie leisteten nämlich nicht mehr als die Probanden ohne Energy-Drink, und eine Teilgruppe, der nicht eigens gesagt worden war, dass es in der Studie um eine Einschätzung der Wirksamkeit des Drinks gehen sollte, löste sogar signifikant – wiederum rund 30% – weniger Aufgaben. Zu beobachten war somit nicht nur, wie erwartet worden war, ein Placebo-Effekt, sondern ebenso ein Nocebo-Effekt: Wer den Energy-Drink preiswert erhielt und die Aufmerksamkeit auch nicht auf seine mögliche Wirkung richtete, war deutlich schlechter dran als jemand, der keinen Energy-Drink zu sich genommen hatte.

Bei einer etwas anderen Versuchsanordnung zeigte man den Probanden keine Werbung über den Drink, dafür aber nach seiner Verabreichung und vor dem Lösen von Aufgaben einen Film, mit dem Argument, das Getränk müsse erst seine Wirkung entfalten. Diesmal lösten alle, die den höheren Preis zahlten, ungefähr gleich viele Aufgaben, egal ob sie eigens auf die Wirksamkeit des Drinks achteten oder nicht. Allerdings lösten Mitglieder einer Vergleichsgruppe, die keinen Drink zu sich nahmen, nur unwesentlich weniger Aufgaben, ein klarer Placebo-Effekt war in diesem Fall somit nicht nachzuweisen. Wer den Energy-Drink zum Niedrigpreis erworben hatte, fiel hingegen deutlich ab, diesmal vor allem in der Gruppe, deren

Teilnehmer wussten, dass sie die Wirksamkeit des Drinks einschätzen mussten.

Erzeugt ein hoher Preis also nur in Verbindung mit intensiver Werbung und Vergegenwärtigung der möglichen Wirkung einen Positiveffekt, dann kann ein geringerer Preis in mehreren Fällen problematisch sein. Offenbar entsteht durch die Verheißungen der Werbung leichter die Sorge, ein Produkt zu billig erworben und daher seine positive Wirkung nicht verdient zu haben. Aber auch ohne Werbung kann es zu einer Verunsicherung kommen, nämlich wenn die mögliche Wirksamkeit des Produkts in anderer Weise thematisiert wird, man zugleich jedoch weiß, es deutlich preiswerter als andere Produkte gekauft zu haben. Kann ein Versprechen also durch einen hohen Preis bekräftigt werden (oder dieser ein nur-ironisches Konsumverhalten unwahrscheinlich machen), so kann ein Niedrigpreis den Glauben daran gravierend schwächen. Er löst Misstrauen aus, das letztlich so stört, dass eine Negativwirkung eintritt.

Der niedrige Preis führt also dazu, dass sich der Konsum eines Produkts, das eigentlich förderlich sein sollte, negativ auswirkt: Die Götter können sich tatsächlich gegen den Konsumenten wenden. Der Niedrigpreis wird so zum Fluch, der den Konsumenten verhext. Das wiederum bedeutet eine weitere Parallele nicht nur zwischen der Konsumgesellschaft und polytheistischen Gesellschaften, sondern genauso zwischen Produkten und Gegenständen des Aberglaubens. Sie galten nämlich ebenfalls nur dann als wirksam, wenn sie nicht zu einfach und billig erworben wurden. So wird, wie das *Handwörterbuch des deutschen Aberglaubens* mitteilt, »als notwendige Bedingung für den glückbringenden Erwerb eines Gegenstandes [...] gefordert, daß man bei seinem Einkauf nicht feilschen oder handeln dürfe«. Als Grund wird »eine mindestens scheinbare Herabsetzung des Wertes des erstrebten Gegenstandes« genannt, die man vermeiden müsse, »wenn man in den Besitz seiner ungeminderten Kraft kommen will«.[77]

Geiz war somit noch nie geil, vielmehr ist er gefährlich. Und dies gilt in der heutigen Gesellschaft, in der weitgehend Fertigprodukte gehandelt werden, noch mehr als früher. So konnte ehedem auch preiswert oder kostenlos Erworbenes positiv wirken, weil es durch mühsame und aufwendige – vielleicht auch ekelerregende – Bearbeitung an Autorität gewann. Das *Handwörterbuch des deutschen Aberglaubens* ist voll von Beispielen, die belegen, wie Wirksamkeit – ein Placebo-Effekt – mindestens ebenso von großem Zubereitungsaufwand wie von hohen Preisen abhängig war. Während man heute also einfach einen Badezusatz kauft, der mit Vokabeln wie ›revigorating‹ oder ›empowerment‹ wirbt, erwartete man einst Stärkung von einem Bad, wenn ein Sud aus »Schafsfüßen, Rindknochen und Rindermagen (Kuttelflecke genannt) mit aromatischen Kräutern im zunehmenden Mond« zusammengebraut worden war oder aber Schlamm zur Verfügung stand, »in welchem neunerlei Hölzer verfault sind«.[78]

Hatte in Zeiten traditionellen Aberglaubens einen Nachteil, wer zu bequem war, all die beschwerlichen Tätigkeiten zu verrichten, so muss heute ein Schnäppchenjäger damit rechnen, sich zu schwächen. Doch während ihm eher mit Schadenfreude begegnet wird, erscheinen die Ergebnisse der Experimente beunruhigend mit Blick auf Menschen, die aufgrund schlechter ökonomischer Verhältnisse auf Sonderangebote oder billige Varianten eines Produkttyps angewiesen sind. Da ihnen nicht nur Placebo-Effekte verwehrt bleiben, sondern sogar Nocebo-Effekte drohen, ist nämlich eine verstärkte Ausprägung sozialer Unterschiede zu befürchten: Wer ohnehin schon unterprivilegiert ist, wird durch Billigkonsum erst recht auf die Rolle eines Verlierers fixiert. Für Arme ist es demnach umso schwerer, die Mehrleistung zu erbringen, die Voraussetzung für ihren materiellen und sozialen Aufstieg wäre. Umgekehrt können die Wohlhabenderen sich dopen, da sie nicht nur teurere Produkte konsumieren, sondern oft auch mehr wirksamkeitssteigernde Werbung rezipieren, sei es in Lifestyle- und Modemagazinen, sei es in Form von Kinospots.

Da viele Produkte erst in den letzten Jahren mit zusätzlichen Versprechungen ›aufgerüstet‹ wurden, sind die Folgen davon noch nicht thematisiert worden. Während über Doping im Sport viel diskutiert wird, stehen die Wettbewerbsverzerrungen, die durch konsumbedingte Placebo- und Nocebo-Effekte entstehen, bisher weder auf der Agenda von Moralphilosophen, noch werden sie von Sozialpolitikern angeprangert. Dabei sollte zumindest durchgespielt werden, was es für eine Gesellschaft bedeutete, würden ihre sozialen Hierarchien durch den Konsum noch fester gefügt. Was heißt es, wenn an sich begabte und leistungsfähige Menschen klein gehalten werden, nur weil sie in ein Konsummilieu hineinwachsen, das ihnen eher Nocebo- als Placebo-Effekte beschert? Droht im Extremfall nicht sogar eine gesellschaftliche Zweiteilung, die an Visionen von Dystopien erinnert? Eine von Billigkonsum geschädigte Unterschicht wird dann von gedopten Wohlstandskonsumenten beherrscht, die sich mit jedem Konsumakt mit noch mehr Energie anreichern, noch bessere Laune bekommen, noch mehr Selbstbewusstsein ausprägen, noch robuster und fitter werden.

Sollte man also nicht diejenigen aufwerten und zu Helden erklären, die auf Sonderangebote und Billigprodukte angewiesen sind und zu wenig Geld zum Kauf von Produkten mit Placebo-Effekt-Potenzial haben? Immerhin müssen sie ihr Leben mit Gewichten an den Füßen meistern, während andere in den Genuss von Siebenmeilenstiefeln gelangen. Würde ihre Leistung besser gewürdigt, wüchse ihnen vielleicht Selbstvertrauen zu, das seinerseits leistungssteigernd wirken und den Nocebo-Effekten Einhalt gebieten könnte. Umgekehrt wären die Vermögenderen mit dem Makel behaftet, ihre Position externer Hilfe zu verdanken; im Extremfall erschienen sie sogar wie Betrüger.

Tatsächlich versuchen bereits einige das Potenzial für ein neues Heldentum nutzbar zu machen. So ist in letzter Zeit ein Typus von Abenteuerliteratur entstanden, dessen Autoren autobiographisch vom zeitweiligen Ausstieg aus der Konsumwelt und ihren Leistungsangeboten berichten. Auch Judith Levines *No Shopping!* mit dramatischen Beichten von verlorenen Socken gehört zu dieser Gattung, in der die »extreme Prüfung des Nichtkonsumierens« abgelegt wird.[79] Sie berichtet von »Panikattacken, Angstzuständen, Depressionen« und stellt, als Bilanz ihres Experiments, sogar die Frage, ob ein Mensch jenseits von Konsum überhaupt »ein ganz normales soziales, kulturelles oder familiäres Leben, einen Beruf, eine Identität, ja ein *Ich* haben kann«.[80] Während Levine ein Leben ohne Konsum – und damit ohne Doping – als Abfolge bedrohlicher Ausnahmezustände erscheint, beschreibt Mark Boyle seinen Versuch, ganz ohne Geld auszukommen, als geradezu lebensgefährliches Abenteuer. Das sei, »als würde man sich um Mitternacht ohne Laterne in einen Urwald begeben«. Orientierungsverlust und Ohnmacht angesichts unabschätzbarer Risiken sind also die Folge. Das habe »etwas überwältigend Furcht Einflößendes«, man werde »unweigerlich stolpern, hinfallen, sich wehtun«.[81]

Im Unterschied zu Verweigerern früherer Jahrzehnte, die nach Unabhängigkeit und Freiheit strebten, als sie aus dem Kreislauf von Arbeit und Konsum ausstiegen, wissen die heutigen Abenteurer, dass sie sich das Leben schwerer machen. Sie bemerken ihre Abhängigkeiten von den Verheißungen der Konsumwelt und gewinnen Stoff daraus, dass sie mehr als nur ein paar Bequemlichkeiten verlieren, wenn sie keine Kosmetik, keine Haushaltsgeräte und kein Sportzubehör mehr kaufen. Die Leser genießen die Lektüre wie eine Schauergeschichte – und bewundern so viel Willen zu Askese. Doch während Asketen ehedem auf Essen oder Sex verzichteten, um als Ausnahmefiguren bewundert zu werden, kann man mittlerweile mehr Anerkennung durch Konsumabstinenz finden. Damit liefern die Abenteurer zugleich die stärksten Beweise für den Stellenwert des Konsumismus. An ihnen wird deutlich, wie der gesamte Alltag von Produkten strukturiert wird und wie mühsam es ist, ohne die vielen kleinen Portionen an Sinn und Emotion, ohne jegliches Doping auszukommen.

Allerdings kann man Levine und Boyle auch mangelnde Sensibilität oder zumindest Koketterie vorwerfen. Denn während sie sich als Helden feiern lassen, obwohl sie ihren Konsumverzicht nur als freiwilliges Experiment auf Zeit betreiben, bekommen die vielen wirklich Armen keine ähnliche Anerkennung für ihre Entbehrungen. Bei ihnen gibt es keine Willenskraft zu würdigen, entsprechend bietet ihr Leben weniger Abenteuer als Notdurft. Und dass sie nicht anders können, als fortwährend jener »extremen Prüfung des Nichtkonsumierens« ausgesetzt zu sein, würde kaum jemand in Buchform interessieren. Umso unsensibler und diskriminierender muss es gerade ihnen erscheinen, die eigenen Lebensbedingungen als Variante von Abenteuerliteratur wiederzufinden, die Wohlstandsbürger für andere Wohlstandsbürger verfassen. Und so vertiefen solche Bücher, von denen immer wieder neue Varianten auf den Markt kommen, ähnlich stark soziale Differenzen wie ein ausschweifender Lebensstil oder demonstrativer Konsum.

Dabei sollten die Erfahrungen, die Autoren wie Levine schildern, aufschrecken und dazu führen, das gesamte Feld des Konsums viel mehr als bisher zu einem Gegenstand der Sozialpolitik zu machen. So kommt es zu Ausgrenzungen und Demütigungen nicht bloß dadurch, dass mittlerweile die meisten Formen sozialen und kulturellen Lebens kommerzialisiert und nur gegen Geld zugänglich sind, sondern ähnlich schwer wiegen die Folgen des Konsums, der den Ärmeren allein möglich ist (und dem sich jene Abenteuerliteraten gar nicht erst aussetzen). Ihnen drohen nicht nur Nocebo-Effekte, sondern zugleich werden sie mit Billigprodukten abgespeist, die meist als Fakes – mickrige Imitate – von Markenprodukten auftreten, allerdings nur aus eilig kombinierten Versatzstücken bestehen.

Es mögen also dieselben Versprechungen auf ihren Verpackungen aufgedruckt sein wie auf hochpreisigen Markenprodukten: Die Gesamtinszenierung ist so unglaubwürdig, dass sie nur als absurdes Schauspiel empfunden werden kann. Oder was soll eine Duschgel-Flasche, auf der zwar ›Energizing‹ steht, die beim Öffnen der Verschlusskappe jedoch nur knarzt und deren Form die ebenso missproportionierte wie unhandliche Abwandlung der Form eines Markenprodukts darstellt? Die weitere Aufschrift ›Mit Meersalz‹ passt zudem nicht zum Energie-Versprechen, genauso wenig wie zur roten Farbigkeit des Etiketts. Diese wiederum gerät gar zur Warnung vor dem Produkt. Dass auf der Verpackung ein Blitz abgebildet ist, lässt nämlich in Verbindung mit Energie an Elektrizität denken, das Meersalz aber an Wasser, beides zusammen also an die Gefährlichkeit von Stromschlägen im Badezimmer.

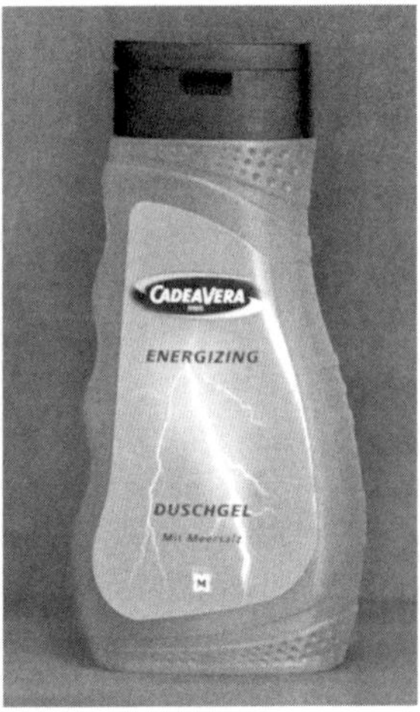

Negative Assoziationen können Versprechen jedoch einmal mehr ins Gegenteil verkehren, sie ruinieren jegliches Produktvertrauen. Der zu solchen Dingen gezwungene Konsument erlebt das Einkaufen als Strafe und fortgesetzte Verhöhnung, ja, wer unfreiwillig am Rand der Konsumgesellschaft lebt, wird andauernd daran erinnert, was ihm oder ihr verwehrt bleibt. Sich von dieser systematisch schlechten, oft geradezu zynischen Behandlung nicht deprimieren zu lassen, nicht zu resignieren und stumpf zu werden, verlangt viel Selbstbewusstsein. Und aufschlussreicher als jene Abenteuerliteratur wäre ein Buch über jemanden, der nur Sachen aus Ein-Euro-Shops und von Wühltischen um sich hat, weil für andere Produkte das Geld nicht reicht. Dann würden die täglichen Zumutungen des Billigkonsums vielleicht endlich einmal verhandelt.

Um die psychosozial negativen Folgen der Produktangebote zu minimieren, sollte man jedenfalls nicht nur gegen Nocebo Effekte angehen, sondern generell die Zusatzversprechen von Produkten kritisch in den Blick nehmen. So müsste sich gerade in Discountern die Produktinszenierung auf den herkömmlichen Gebrauchswert konzentrieren. Und warum sollte es künftig nicht zu einer Angelegenheit des Verbraucherschutzes werden, vor Waren mit Verheißungen zu warnen, die nicht objektiv begründet oder die konsumentenverachtend in Szene gesetzt sind? Auf diese Weise könnten nach und nach nicht nur Nocebo-Effekte gemindert werden, sondern es fände auch eine Steigerung von Inszenierungsstandards statt, zumindest aber fiele die Schäbigkeit mancher Warenästhetik auf den Hersteller zurück.

Zur Sensibilisierung für Nocebo- und Placebo-Effekte würde es jedoch nicht genügen, nur auf die Rolle des Preises oder der Inszenierung aufmerksam zu machen. Vielmehr konnten durch andere Experimente weitere Faktoren vor allem für Placebo-Effekte identifiziert werden. Ist das Image eines Produkts oder einer Marke sehr gut, erfüllt sich das Wirkversprechen etwa besser als bei einem Artikel mit schlechterem Image.[82] Aber auch ein Gütesiegel wirkt als Autorität und beglaubigt die Verheißungen eines Produkts.[83]

Schließlich hängt es von der Einstellung des Konsumenten ab, ob und wie ein Produkt einen Placebo-Effekt auslösen kann. So wurde beobachtet, dass Probanden, denen man ein Placebo-Getränk verabreichte, das so aussah und schmeckte wie ein Energy-Drink und von dem sie sich viel erwarteten, sogar bessere Leistungen erzielten als die Konsumenten des echten Getränks.[84] Menschen mit hohen Erwartungen sind offenbar so überzeugt, dass die übliche Skepsis gegenüber einem Konsumprodukt keine Rolle mehr spielt. Bei ihnen schlägt abergläubisches Verhalten in ein bekenntnishaftes Agieren um. Zumindest für einzelne Produkte oder Marken verzichten sie auf jegliche Rhetorik der Distanzierung und geben sich als Fans, die auch einmal stundenlang für ein neues Produkt anstehen oder Schwarzmarktpreise zahlen.

Dass bei so viel Identifikation Placebo-Effekte noch relevanter sind als bei einem abergläubisch-paradoxen Verhalten, ja, dass sich die Rolle entsprechender Marken und Produkte der von Sinnstiftern und Heilsbringern annähert, lässt ein Blick auf die Kunst erkennen. Ihr gegenüber haben viele Menschen schon seit Generationen ein bekenntnishaftes Engagement entwickelt, weshalb sie sogar (wie bereits angesprochen) darauf hoffen, von einzelnen Werken überwältigt zu werden. Dies wurde im Lauf der Zeit noch dadurch begünstigt, dass sie ihre Hoffnungen hier für echt halten, während sich die meisten bei Konsumprodukten nach wie vor für beeinflusst vom Marketing einschätzen und es daher uncool und naiv fänden, sich selbst als überwältigt zu erleben.

Nirgendwo sonst sind auch die anderen Faktoren, die bisher als maßgeblich für Placebo-Effekte ermittelt wurden, so stark ausgeprägt wie in der Kunst. Vor allem von moderner und zeitgenössischer Kunst erhofft man sich in verstärkter Form, was man sonst bestenfalls einzelnen Produkten zutraut. Die höhere Intensität des Glaubens ist auch daran erkennbar, dass die meisten Produkte nur ein klar begrenztes Wirkversprechen geben, von einem Kunstwerk hingegen vielerlei Verschiedenes erwartet wird. So suchen die einen Stimulation und Anregung, andere hingegen – vom selben Werk – Ruhe, Harmonie, Läuterung, Erlösung. In allen Fällen soll die Kunst das Bewusstsein erweitern oder steigern, für eine positive Gefühlslage sorgen und die psychische Verfassung der Rezipienten verbessern. Das verleiht ihr einen Charakter, der dem eines Therapeutikums zumindest nicht unähnlich ist.

Die großen Hoffnungen und Ansprüche, die auf die Kunst gerichtet sind, sich aber alle nicht auf objektiv messbare Eigenschaften in den Werken selbst gründen, machen Placebo-Effekte wahrscheinlich oder sogar zwangsläufig. Tatsächlich hat man es gerade bei moderner und zeitgenössischer Kunst nicht nur mit hohen, oft extrem hohen Preisen zu tun, sondern in Galerien und auf Kunstmessen sind auch Sonderangebots- und 99-Preise tabu, so als wüssten die Händler um die negative Wirkung von allem, was den Anschein des Billigen erweckt. Sofern Kunst jedoch teurer ist als nahezu alles, wofür die meisten

Menschen sonst ihr Geld ausgeben, werden ihr auch umso eher besondere Fähigkeiten zugetraut.[85]

Zudem verfügen Künstler – zumal wenn sie schon bekannter sind – über ein Image, das dem der meisten Marken überlegen ist. So unterstellt man ihnen Authentizität, Ehrlichkeit, Klarheit, Selbstlosigkeit, nicht selten sogar Genialität. Das alles verleiht ihren Werken erst recht einen Ausnahmecharakter. Dieser wird durch eine namhafte Galerie oder ein bekanntes Auktionshaus zusätzlich beglaubigt. Sie übernehmen in diesem Fall die Rolle von Gütesiegeln und Testimonials, geben sie doch mit dem, was sie auswählen, zugleich eine Qualitätsgarantie.

Dass die hohen Ansprüche an die Kunst nur durch Placebo-Effekte annähernd zu befriedigen sind, arbeitete der Performance-Philosoph Bazon Brock seit den 1980er Jahren verschiedentlich heraus. Für ihn kann der Künstler die ihm zugetraute »göttergleiche Schöpfungskraft« gar nicht wirklich haben, sehr wohl aber suggerieren. Er ist dabei »in der Lage eines Arztes, der genau weiß, daß nicht die verabreichten Tabletten die gewünschte Wirkung gehabt haben können, da sie Placebos waren«. Die Wirkung von Kunst sei also »auf die spezifische Art des Umgangs der Klienten mit den Werken zurückzuführen«; im Zusammenspiel ließen sich die Suggestionen der Künstler durch die der Rezipienten noch steigern, so dass durch die Kunst »die einzelnen Erscheinungen der Lebenswelt in so vielfältiger Weise unterscheidbar und damit bedeutungsvoll gemacht werden können wie durch kein anderes Gefüge menschlichen Handelns und Erlebens«.[86]

Fordert und ermöglicht das Kunstpublikum somit besondere Wirkungen von Kunstwerken, so etabliert sich der Kosmos der Konsumprodukte jedoch zunehmend als Konkurrenz zu ihren Leistungsversprechungen. Noch erscheint vieles daran aufgesetzt und unglaubwürdig, doch ist nicht auszuschließen, dass künftige Generationen von einzelnen Produkten, einer Tafel Schokolade oder einem Badezusatz, ganz selbstverständlich und ungebrochen Geborgenheit, Harmonie oder Läuterung erwarten. Es wäre kaum unwahrscheinlicher, als es vielen im 17. Jahrhundert erschienen wäre, wenn man ihnen gesagt hätte, dass ein Gemälde einmal stimulierend oder erlösend wirken könnte.

Gegenwärtig dürfte aber noch der Eindruck vorherrschen, all die Zusatzversprechungen der Produkte seien nicht ganz ernst gemeint, nur Launen eines frechen, zu selbstbewussten Marketings. Oder man gelangt zu der Diagnose, dass sich, wer tatsächlich von einer Schokolade oder einem Kräuterquark Geborgenheit erwartet, kaum wirklich entfremdet fühlen kann. Und selbst wenn man zugibt, dass viele Konsumenten ohne Doping durch Produkte nicht leben könnten, wird man darin eine Profanierung gegenüber den Hochzeiten des Bildungsbürgertums erkennen wollen.

Doch geben andererseits so viele Produkte ein Wirkversprechen ab, dass das gesamte alltägliche Leben von positiven Effekten beeinflussbar scheint. Wie zu Zeiten des Aberglaubens für jeden Anlass, jedes Bedürfnis, jede Hoffnung Rezepte und Rituale existierten, kann man auch heute durchgängig ein Gefühl von Sicherheit und Stärke erlangen. Wer durch das Kundenmagazin eines Drogeriemarkts blättert, könnte sogar zu der Einschätzung gelangen, es mit einem Kompendium aktuellen Aberglaubens zu tun zu haben – so viele Produkte gegen jegliche Ängste, so viele wundersame Versprechen sind hier versammelt.

Angesichts der Vielfalt inszenierter Produkte ist zu vermuten, dass noch keine andere Kultur die Menschen mit einem so dichten Gespinst an positiven Gefühlen umgeben hat wie die heutige Konsumwelt. Vermutlich stünde es schlecht um das allgemeine Wohlbefinden, fielen die zahlreichen Suggestionen der Warenwelt von einem Tag auf den anderen weg. So fühlt sich mancher schon indisponiert, wenn nur eine Creme ausgegangen ist, oder braucht unbedingt einen bestimmten Tee, um eine Besprechung oder angespannte Situation zu überstehen.

Wie Spiegeltrinker ein bestimmtes Maß an Alkohol benötigen, um sich gut zu fühlen, könnte man von Spiegelkonsumenten sprechen, die ohne ein gewisses Quantum an Doping und Placebo-Effekten unruhig würden und sich labil fühlten. Erst recht profitieren die Hersteller von Produkten mit psychotherapeutischen Leistungsversprechen in Zeiten allgemeiner Krisenstimmung. Dann glauben selbst nüchternere Menschen, zusätzlicher Stärkung zu bedürfen.

Neil Boorman, ein weiterer Konsumverweigerer und Abenteuerliterat, der seinen gesamten Besitz an Markenartikeln 2006 auf einem Scheiterhaufen öffentlich verbrannte, beschreibt den Dopingverlust, der ihm widerfuhr, ziemlich genau. Noch rund ein Jahr nach seiner Aktion gesteht er: »Ich vermisse einfach die Selbstsicherheit, die mir diese Produkte früher gegeben haben.«[87] Und er klagt, »in den ersten Monaten nach dem Scheiterhaufen [...] furchtbare Magenschmerzen« gehabt zu haben, die er als Folge einer inneren Leere interpretiert.[88] Schon davor befürchtete er, ohne die vielen Markenprodukte ein schwächeres Ich zu haben. Wenn er nach einem Shopping-Samstag nach Hause kam, betrachtete er, nach eigener Aussage das neu Erstandene lange Zeit: »Und ich warte darauf, dass die Magie zu wirken beginnt, dass ich mich vollständiger fühle als vorher. Das ist es schließlich, was ich den Markenprodukten abverlange: dass sie mir das Gefühl geben, mehr ich selbst zu sein.«[89]

Boorman ließ sich auch zusammen mit seinen Glücks- und Selbstbewusstseinsbringern fotografieren, die einen Kokon um ihn herum bilden und ihn schützen, eher als Soul- denn als Bodyguards. Zugleich begründete er die Verbrennungsaktion jedoch damit, von den Verheißungen vieler Marken enttäuscht worden zu sein. Sie hätten ihn letztlich doch nicht so »erfolgreich, liebenswert und sexy« gemacht, wie er sich das erhofft hatte.[90] Gerade weil Konsumprodukte nicht wirkungslos sind, wachsen die Ansprüche ihnen gegenüber also umso mehr. Boorman stellt sie sogar auf eine Stufe mit Drogen, die man

zuerst auch nur nimmt, um sich besser zu fühlen und von Problemen zu befreien, die dann aber ihrerseits größere Probleme schaffen, als sie lösen können, und den Konsumenten in fatale Kreisläufe treiben. Boorman zeichnet von sich selbst das Bild eines markensüchtigen Konsumjunkies und fühlt sich berechtigt zu einer so dramatischen Ausdrucksweise, weil er früher Alkoholiker war. Er sieht sich somit als krank an – und sinnt auf Genesung: »Ich bin süchtig nach Marken. Ich brauche sie, um glücklich zu sein, um mein Selbstwertgefühl zu stützen. Ich werde die Marken ebenso aufgeben, wie ich den Alkohol aufgegeben habe.«[91]

Deshalb schlägt er auch den radikalen Weg mit dem Scheiterhaufen ein. Statt den Konsum nach und nach herunterzuschrauben, dann aber doch mit hoher Wahrscheinlichkeit rückfällig zu werden, will Boorman das, was ihn abhängig macht, zerstören. Und indem dies öffentlich geschieht, soll es möglichst viele Zeugen dafür geben, dass er seinem bisherigen Konsumverhalten abschwört. Damit wäre jeder Rückfall umso peinlicher für ihn.

Zumindest in Deutschland kann man sein Autodafé jedoch kaum ohne Erinnerung an die Bücherverbrennungen der Nazis erwähnen. Dabei ist bezeichnend, dass es mittlerweile Konsumprodukte sind, denen man so viel Einfluss – eine so große semantische Kraft – zutraut wie lange Zeit Büchern, ja, dass man glaubt, sich vor ihrer Macht schützen zu müssen.

Zugleich jedoch steht Boormans Aktion in religiösen Traditionen. So gab es vor allem im 15. Jahrhundert im Gefolge von Bußpredigten »Scheiterhaufen der Eitelkeiten«, auf denen alles verbrannt wurde, was als Luxus, als unzüchtiger, sinnlicher Plunder galt.[92] Wie die Bußprediger – am bekanntesten Savonarola in Florenz – einiges vorwegnahmen, was später von Protestanten propagiert und praktiziert wurde, könnte man in Neil Boorman einen Markenstürmer und Konsumprotestanten sehen. Selbst die paradoxe Struktur der Argumentation teilt er mit seinen berühmt-berüchtigten Vorläufern. So warnten auch die Bilderstürmer des Protestantismus einerseits davor, zu sehr in den Bann vermeintlich heilsstiftender Götzen zu geraten, sahen in diesen andererseits jedoch bloß Materielles, das spirituelle oder psychische Bedürfnisse nicht erfüllen kann. Denselben Götzen unterstellten sie also eine gefährliche, zu Sucht verleitende Macht, aber genauso Ohnmacht: Bildwerke oder Markenprodukte sind für ihre jeweiligen Gegner ontologisch zu schwach, um etwas Gutes leisten zu können, aber stark genug, um Schaden zuzufügen.

Doch gibt es in Boormans Bericht eine Formulierung, die noch eine andere Motivation verrät. So fragt er sich, »ob mein Zeug gut genug ist zum Verbrennen« oder vielleicht, vor dem Scheiterhaufen aufgebaut, nur »wie ein Flohmarktstand« ausschaut.[93] Wäre das der Fall, käme es ihm nicht heroisch vor, die Dinge zu verbrennen, und schon gar nicht als besondere Leistung, auf sie zu verzichten. Indem er aber viele teure, fast neue Markenprodukte, um die er beneidet wird, auf den Scheiterhaufen wirft, ist sowohl die Verschwendung als auch der Verzicht unbezweifelbar. Beides – Potlatsch und Askese – lässt ihn cool erscheinen. Damit jedoch hat sich an seinem eigentlichen Ziel auch nichts geändert: Fühlte er sich lange Zeit souverän, weil er sich mit angesagten Marken umgab, so fühlt er sich jetzt umso souveräner, da er ohne sie auskommt. In der Anerkennung, die der Verzicht mit sich bringen soll, zeigt sich einmal mehr die große Bedeutung, die den Konsumprodukten eingeräumt wird. Nur wer sie so ernst nimmt wie Boorman, fühlt sich ohne sie als Held.

Damit erweist sich die Geste der Souveränität doch als ziemlich schwach. Boorman bleibt ein Abhängiger. Hätten die Marken und ihre Produkte keine so große Macht über ihn und würden sie sein Leben nicht so durchgängig beherrschen, hätte er sich keine derart aggressive Aktion einfallen lassen müssen. Er gehört zu den Konsumenten, die fest an das glauben, was ihnen Produkte verheißen, sich also nicht von vornherein von dem distanzieren, was sie eigentlich doch ganz gut finden. Die meisten Konsumenten sind ihm insofern überlegen, als sie Verhaltensweisen der Skepsis und Ironie entwickelt haben. Damit können sie Vorzüge der Produkte – bis hin zu Placebo-Effekten – zwar nutzen, verfallen ihnen aber nie so stark, dass sie sich als süchtig und fremdbestimmt erleben müssten. Man kann ihnen vorhalten, etwas unehrlich und verklemmt zu sein, wenn sie sich als Konsumkritiker aufspielen, dann aber doch jeweils sorgfältig überlegen, von welcher der zahlreichen Produktvarianten sie sich am meisten versprechen. Doch man kann es genauso würdigen, dass ihnen eine Balance zwischen Distanz und Teilhabe gelingt, sie also nicht zu Markenstürmern werden müssen, nur weil sie dem Konsum verfallen sind.

WELEDA
WELEDA
Edeltannen
Erholungsbad
CLINIQUE
full
REPAIR
GLISS
KUR
ANTISTRESS
Stressfrei
Landlust
Energie
NIVEA
HANSER
new
Palmolive
NON
STOP!

VI Metaphernethik

Es gehört zur Logik der Marktwirtschaft, auf Defizite aufmerksam zu machen. Wer sie – oder auch Marktlücken – erkennt und abzudecken vermag, verbessert seine Chancen auf Umsatz und Gewinn. Genau genommen geht es dabei um eine doppelte Dramatisierung: Nachdem man die Konsumenten zuerst dazu bringt, das Defizit als besorgniserregend wahrzunehmen, zeigt man ihnen dann eine Möglichkeit auf, das Problem zu beheben. Im Idealfall findet beides im selben Produkt statt: Es alarmiert und stellt zugleich ruhig, bereitet schlechte Gefühle und ein ›happy end‹, lässt ein Kompensationsbedürfnis erkennen und gibt ebenso ein Kompensationsversprechen.

Manchmal vermittelt bereits ein Markenname die doppelte Botschaft. So signalisiert das Kosmetiklabel *Clinique*, dass eine Schädigung oder Krankheit vorliegt, aber auch schon effektiv an ihrer Heilung gearbeitet wird. Letztlich wird also eine Geschichte mit drei Kapiteln angelegt. Demnach war zuerst – in einer imaginär bleibenden Vergangenheit – alles in Ordnung, erst später kam es offenbar zu der Krise oder Deformation, die nun, im dritten Stadium, behoben werden muss. Dieser Typ von Geschichte entspricht jedoch genau dem, den religiös oder philosophisch fundierte Kulturkritiker zu allen Zeiten und verstärkt in der Moderne – seit Rousseau, Schiller und Novalis – erzählen. Für sie gab es einen guten Anfangszustand, durch die Natur oder einen Gott etabliert; dann jedoch brach mit dem Sündenfall, dem Ende der Antike, dem Ende des Mittelalters oder dem Beginn der Moderne etwas Unheilvolles ein; daraus

erwächst zugleich der Wunsch, in einer möglichst nahen Zukunft zu jenem Anfangszustand oder einem Äquivalent zurückzukehren. Linke fassen die moderne Krise als Entfremdung, Rechte als Entartung, andere reden vom Verlust der Mitte oder Tod Gottes, von Stillstand oder Beschleunigung, von Überhitzung oder Kälte.

Vielleicht ist es kein Zufall, dass der Aufstieg der Marktwirtschaft und die Karriere des kulturkritischen Plots gleichermaßen Phänomene gerade der Moderne sind. Zwar werden Marktwirtschaft, Kommerzialisierung und Konsumismus von den meisten Kulturkritikern als Mitursachen oder zumindest Symptome der beklagten Übel und Defizite identifiziert,[94] doch hätten ihre Denkfiguren ohne die Marktwirtschaft und ihre Mechanismen auch kaum so viel Resonanz finden können.

Tatsächlich zeigt sich dieser Zusammenhang nirgendwo deutlicher als bei der Inszenierung von Konsumprodukten. Immer wieder werden hier verschiedene Varianten einer Problematisierung der Gegenwart eingeübt und jeweils neu dramatisiert. Kulturkritiker von Oswald Spengler bis Theodor W. Adorno, von Rudolf Steiner bis George Steiner, von Neil Postman bis Manfred Spitzer, von Martin Heidegger bis Martin Mosebach finden Echo und Bestätigung bei Hautcremes und Deos, bei Wellness-Produkten, in Tourismus-Prospekten und im Fair-Trade-Handel. Sie wären kaum so erfolgreich, erführen ihre großen Geschichtserzählungen nicht alltäglich in Supermarktregalen und in der Werbung eine Entsprechung. Umgekehrt fördert es die Autorität von Produkten, wenn sie als eine Dosis Antimodernismus konfektioniert sind und kritisches Bewusstsein reklamieren.

In seinem Roman *Vier Äpfel* (2009) schickt David Wagner seinen Protagonisten durch einen Supermarkt und beschreibt dessen Einkäufe sowie die von einzelnen Produkten ausgelösten Assoziationen, die ihn immer wieder schmerzlich an seine Ex-Freundin L. denken lassen. So auch vor dem Regal mit Haarwaschmitteln, wo ihm einfällt, dass L. einmal behauptet habe, »die Formen, deren sich eine Kultur zu einer bestimmten Zeit bediene, [stünden] immer im Einklang mit ihrem geistigen Klima«. Daraus aber schließt der Supermarkt-Einkäufer, dass »sich der Geisteszustand unserer Kultur auch an Flaschen- und Dosenformen unserer Haarpflegeprodukte ablesen lassen müßte«. Und er diagnostiziert: »Nicht so gut, denke ich, als ich lese, was auf den Etiketten steht: *Total Repair Spülung*, *Milde & Balance Therapy*, *Haar-Anfüller*, *Lift & Definition*, *Color & Care*, *Repair & Pflege*. Es scheint ziemlich viel kaputt zu sein, wo so viel Reparatur, Therapie und Pflege nötig sind.«[95]

So genau der Protagonist im Shampoo-Design seine eigene missliche Lebenssituation wiedererkennt, in der er wegen seiner zerbrochenen Beziehung selbst der Therapie und Pflege bedürfte, so sehr veranlassen ihn die Produkte also zugleich zu einer Verallgemeinerung. Dabei bestätigt sich das negative Geschichtsbild, das typisch für Kulturkritiker aller Couleur ist. Allenthalben fallen Symptome der Überbeanspruchung und Erschöpfung auf, so als sei weder der Einzelne noch die Gesellschaft im Ganzen fit genug, um den vielen Anforderungen des heutigen Lebens noch gewachsen zu sein.

Gerne bringt das Marketing in diesem Zusammenhang die Vokabel ›Energie‹ ins Spiel: entweder durch Produktinszenierungen, die mehr Energie für die nächsten Herausforderungen und Zumutungen versprechen, oder mit Designs, durch die der Konsument sich als ausgepowert, gestresst und erschöpft – und entsprechend energiebedürftig – erfahren soll. Er wird jeweils als jemand angesprochen, der dauernd Höchstleistungen zu vollbringen hat, das Letzte geben muss und daher dringend der Regeneration bedarf. So wird die Vorstellung bestätigt, wonach das heutige Individuum sich in einer extremen Wettbewerbsgesellschaft behaupten muss: immer in Sorge, nicht mehr mithalten zu können, zu schwach zu sein, um noch Erfolg zu haben. Eine ohnehin schon vorhandene Unruhe wird durch die Inszenierung zahlreicher Produkte also Tag für Tag neu genährt. Und man muss sich immer wieder fragen, ob man beim Umgang mit den eigenen Ressourcen Fehler gemacht hat. Oder ist vielleicht sogar die Gesellschaft insgesamt auf einem verhängnisvollen Weg? In jedem Fall ist man umso empfänglicher für ein Marketing, das mehr Energie verspricht. Doch werden dadurch zugleich die Bedenken gesteigert, ohne diese Energie gar nicht mehr auszukommen und bereits völlig erschöpft zu sein.

Hier offenbart sich eine zweite Gefahr des Energie-Marketings. Statt nur Nocebo-Effekte auszulösen, sobald der Konsument hinsichtlich der Wirksamkeit des Produkts verunsichert ist, kann es auch den Typ von Leiden begünstigen, der unter dem Schlagwort ›Burnout‹ zu einem großen Thema geworden ist. Wird die Aufmerksamkeit auf das eigene Befinden fortwährend unter Kategorien von Energie und Erschöpfung gerichtet, kann es zwar kurzfristig – beim Konsum einzelner Produkte – zu Leistungssteigerungen und Placebo-Effekten kommen, doch auf Dauer droht viel eher eine Verstärkung von Erschöpfungsängsten. Nicht Zweifel am Produkt, sondern von ihm genährte Zweifel an den eigenen Kraftressourcen sind dann das Problem.

Beklagen die Krankenkassen, dass sich die therapiepflichtigen Fälle von Burnouts innerhalb weniger Jahre ungefähr verzehnfacht hätten,[96] sprechen Skeptiker von einer bloßen Mode- oder Statuskrankheit. Sie betreffe vor allem Sportler, Popstars und Manager: Menschen, die beweisen wollten, wie viel sie leisten. So werden üblicherweise Stress, Konkurrenzsituationen und Multitasking als Ursachen für Burnouts genannt. Doch sollten diese Phänomene innerhalb der letzten Jahre so stark zugenommen haben, dass man die enormen Anstiege an Krankheitssymptomen allein damit erklären kann? Das erscheint kaum vorstellbar, und so muss man nach anderen Faktoren suchen, die Burnout-Diagnosen wahrscheinlicher machen. Warum aber sollten es nicht gerade auch vom Marketing erzeugte Ängste vor Erschöpfung sein, die bei vielen zu dem Gefühl beitragen, unter Energiearmut und Überbeanspruchung zu leiden?

Für das Marketing als Mitauslöser spricht, dass es sich in den Jahren, in denen Burnout-Diagnosen zugenommen haben, seinerseits verändert hat. Zwar gab es auch früher schon Produkte, die mit ›Energie‹ für sich warben, doch blieb dies auf Artikel beschränkt, bei denen auf Kalorien oder auf Koffein aufmerksam gemacht wurde. Mittlerweile jedoch ist von Energie und Power auch bei Haargel und Deos, manchmal sogar bei Fahrradhelmen und Skiern die Rede, also bei Produkttypen, die nicht direkt auf den Stoffwechsel einwirken. Hier kann von Energie lediglich metaphorisch die Rede sein.

Doch ist die Energie-Metapher so beliebt, weil sie klare innere Bilder weckt. Alles, was dem Konsumenten mehr Selbstvertrauen geben kann oder ein Ungenügen behebt, wird als aufbauend empfunden und lässt sich zum Energieschub verklären. Dabei impliziert die Energie-Metaphorik weitere als positiv empfundene Vorstellungen, reduziert sie doch Gefühle des Unwohlseins auf Treibstoffmängel, so als sei ein Organismus eine Maschine, die nur mit den richtigen Substanzen versorgt werden muss, um tadellos zu funktionieren. Der Mensch wird zum Akku, den man wieder aufladen kann. Wenn es dennoch an Energie fehlt, ist nur das Ressourcenmanagement schlecht; der Konsum der richtigen Produkte würde genügen, um Abhilfe zu schaffen.

Wie prägend die Energie-Metapher für die Selbstwahrnehmung des Menschen sowie, im weiteren, für Krankheitsbilder ist, wird im historischen Vergleich deutlich. So wurden ähnliche Symptome des Unwohlseins um die Wende zum 20. Jahrhundert noch anders interpretiert. Damals deutete man Konzentrationsschwäche, Unruhe, Lethargie oder Dauermüdigkeit als Beleg dafür, dass der Körper für die moderne Arbeits- und Technikwelt generell nicht geschaffen sei; negative Symptome erschienen als Folge der prekär gewordenen ökologischen Nische des Menschen. Von Überreizung, Konkurrenzdruck und einer allgemeinen Beschleunigung des Lebenstempos war damals bereits ebenso die Rede, doch diagnostizierte man Neurasthenien statt Burnouts, folgte also einem anderen Bild: Die Nerven seien überbeansprucht, so als könnten die Sicherungen durchbrennen, weil zu viel auf einmal durch die zarten Fasern und Bahnen geleitet werden müsse.

Diese Vorstellung war so verbreitet, dass Historiker rückblickend sogar vom »Zeitalter der Nervosität« sprechen. Joachim Radkau, der diesem Phänomen ein ganzes Buch widmete, bringt zahlreiche Belege für die Angst vor einer Überforderung der Nerven. So zitiert er aus einem medizinischen Artikel in der Zeitschrift eines Antilärmvereins, in dem das menschliche Nervensystem mit »den Blättern einer Zitterpappel« verglichen wird: »Wie diese durch den leisesten Lufthauch, so wird jenes schon durch die minimalsten, von außen kommenden Reize in Erregung versetzt. [...] Und wie der Lufthauch zum Sturm werden und die Äste knicken, die Blätter mit sich reißen kann, so ist auch das Nervensystem der ganzen Staffel von den schwächsten bis zu den schwersten Erregungen unterworfen, wobei die Spuren eines solchen Nervensturmes auch nicht ausbleiben.«[97]

Diese Metaphorik wurde ebenfalls schon für kommerzielle Interessen genutzt und so noch gefördert. Wasserheilstätten und Kurhotels boomten; sie versprachen den Patienten eine Entspannung ihrer Nerven. Doch auch damals halfen all die Anwendungen und Produkte weniger, als sie eher die Sorge noch bestätigten, überreizt und daher therapiebedurftig zu sein: Je mehr Geld jemand dafür ausgeben konnte, die eigenen Nerven zu entlasten, desto gefährdeter war er, eine Neurasthenie diagnostiziert zu bekommen. Diese war somit nicht anders als Burnouts eine Wohlstandskrankheit. Dabei ist dieser Begriff nicht in dem Sinne zu verstehen, dass der Wohlstand zu sehr verweichlicht, um noch krisenfest sein zu können. Vielmehr lässt ein üppiger Markt an Konsumprodukten Defizite so dramatisch erscheinen, dass daraus ernsthafte Komplikationen entstehen können.

Damals dürfte die boomende Elektrizitätstechnik die Vorstellung begünstigt haben, auch Nerven seien so etwas wie Stromleiter und könnten entsprechend unter Überspannung leiden. Heute hingegen scheint die seit den 1970er Jahren verbreitete Angst vor sich erschöpfenden Rohstoffen wie Öl und Gas auf das Individuum übertragen zu werden. Nun ist jeder Einzelne von Energieknappheit bedroht; er ist nicht nur von ökologischen Problemen umgeben, sondern wird selbst zu einem.

Die antimodernistische Diagnose einer Maßlosigkeit blieb somit über mehr als ein Jahrhundert hinweg unverändert, doch wurde sie einmal so interpretiert, dass das Individuum zu viel aufnehmen muss, das andere Mal hingegen damit erklärt, dass es zu viel zu geben hat.

Aber nicht allein das Marketing macht mit der Energie-Metapher große Umsätze und fördert damit kulturkritisches Denken und Krankheitssymptome. Auch Soziologen bedienen sich dieser Metaphorik, um die Zustände der aktuellen Gesellschaft zu beschreiben und antimodernistischen Tendenzen Ausdruck zu verleihen. So kann man beim französischen Soziologen und Psychologen Alain Ehrenberg, dessen 1998 erschienenes Buch *Das erschöpfte Selbst* mittlerweile als maßgebliche Analyse von Burnout-Syndrom und Depression gilt, nachlesen, der darunter Leidende »hat keine Energie und verharrt in einem Zustand des ›Nichts-ist-möglich‹«.[98] Dies wird als Spätfolge der Emanzipationsbewegung der 1960er Jahre gedeutet, deren emphatisches Alles-ist-möglich zu einer Überforderung geführt habe.

Doch woraus die nötige Energie bestehen soll, ob und wie sie messbar ist, ja, wie man auf sie Einfluss nehmen kann, blendet Ehrenberg aus. So durchgängig sein Buch sonst in Fachvokabular schwelgt und so skrupulös er sich hinsichtlich der Methoden seiner Argumentation immer wieder gibt, so wenig klärt er über seinen Begriff von Energie auf. Eine Formulierung, wonach dem Erschöpften eine »Entfaltung seiner Energie« nicht mehr möglich sei, unterscheidet sich somit kaum von Slogans des Marketings.[99] So heißt es von einem Energy-Sirup, »bereits beim ersten Schluck entfaltet sich eine explosive Geschmacksintensität, die im Körper neue Energien freisetzt«. Und in der Werbung für ein »Motivations-Energie-Paket« gibt man sich sogar reflektierter als der Wissenschaftler. Nach den üblichen kulturkritischen Behauptungen, wonach die Anforderungen »tagtäglich« wüchsen und man dem »Druck des Alltags gar nicht mehr standhalten« könne, stellt man nämlich die Frage: »Hat Ihnen schon mal jemand zeigen können, WO Sie diese Energie anzapfen können? Wissen Sie, wie Sie genug Energie für Ihren Alltag auftanken können?«[100]

Ein Theoretiker wie Ehrenberg erlangt Aufmerksamkeit also nicht anders als irgendein Produzent von Konsumartikeln. Die Verwendung griffiger Metaphern wirkt dabei in beiden Fällen gleichermaßen problematisch. Immerhin wird damit gerade jene Befindlichkeit gefördert, gegen die man offiziell vorgeht. Wer Ehrenberg liest, wird sich danach genauso von Energiearmut bedroht sehen wie jemand, der von einem Werbetexter eingeredet bekommt, endlich mehr für seinen Energiehaushalt tun zu müssen. Zwar erkennt Ehrenberg, dass Antidepressiva eine Ursache für noch mehr Erschöpfung sein können,[101] da sie für Formen der Überforderung sensibilisieren, doch bedenkt er nicht, wie sehr auch Konsumprodukte und Autoren wie er auf ähnliche Weise wirken.

Im »Zeitalter der Nervosität« dürften Konsumprodukte allerdings noch eine geringere Rolle bei der Interpretation und Intensivierung von Symptomen des Unwohlseins gespielt haben als heute. Wer nicht wohlhabend war, kam sogar kaum in Kontakt mit Produkten, die dramatische Defizite beschworen, besaß also einen gewissen Schutz sowohl gegen Neurasthenie als auch gegen Kulturpessimismus. Maßgeblicher für die Konstitution des Zeitgeists waren dafür – oft auflagenstarke – Traktate, Essays und Artikel, philosophische, theologische und geisteswissenschaftliche Publikationen. Sie alle spielten das Leitbild des entfremdeten und maßlos gewordenen Menschen durch, der den modernen Verhältnissen nicht gewachsen sei. War die Nervosität insofern ebenso die Krankheit eines kulturkritischen Bildungsbürgertums wie einer Schicht besonders Wohlhabender, so ist der Burnout das Leiden einer konsumistischen Wohlstandsgesellschaft, der breite Teile der Bevölkerung angehören. Sie sind bei jedem Einkauf den Botschaften der Produkte ausgesetzt, deren Plots, Motive und Interpretationen mittlerweile stärker wirken als die Äußerungen Intellektueller. Was das Marketing macht, dürfte heutzutage auch eine ähnlich wichtige Rolle spielen wie das Fernsehen und andere Massenmedien, die um 1900 als Einflussfaktoren ebenfalls noch nicht existierten.

Hat man erst einmal erkannt, wie stark Metaphern und Plots intellektuelle, psychische und körperliche Befindlichkeiten beeinflussen können, liegt es nahe, dafür zu plädieren, strenger und vorsichtiger mit ihnen umzugehen. So profitsteigernd etwa die Energie-Metapher für Unternehmen sein mag, so problematisch ist sie volkswirtschaftlich und für viele Einzelne. Einem – gewiss auch sonst schon vorhandenen – Unwohlsein verleiht sie zusätzliche Dynamik und Gestalt. Dadurch entstehen zahlreiche Märkte überhaupt erst oder erleben eine große Konjunktur. Also begünstigt nicht nur die Marktwirtschaft die Topoi der Kulturkritik, sondern genauso garantieren diese ihr umgekehrt ihre Erfolge.

So oft man Max Webers Analyse bestätigt hat, wonach die protestantische Ethik – genauer: die Unrast infolge einer Gnadenungewissheit – zu einem Aufblühen von Handel und Wirtschaft geführt hat, so wenig hat man untersucht, inwiefern auch die kulturkritisch-antimoderne Mentalität ein wichtiger Motor der Marktwirtschaft und der Konsumgesellschaft ist. Dass die Kulturkritik selbst antikonsumistisch und marktfeindlich ist, konnte ihre wirtschaftsförderliche Wirkung gut verdecken. Und so ergibt sich die paradoxe Situation, dass die Kulturkritiker, wollten sie die vermeintlich so schädliche Marktwirtschaft und den üppigen Konsumismus eindämmen, zuerst einmal ihre eigenen Denkfiguren einer kritischen Analyse unterziehen müssten. Zumindest hätten sie genauer als bisher zu prüfen, welche Folgen ihre Topoi und Metaphern haben.

Es genügt also nicht, nur Medikamente auf Nebenwirkungen hin zu untersuchen; vielmehr sollte man sich genauso mit den Auswirkungen bestimmter Metaphern befassen, zumindest sofern sie massenhaft verbreitet werden, sei es in herkömmlichen

Medien, sei es in Form von Konsumprodukten. Als Vorbild für eine angemessene Analyse der Risiken und Nebenwirkungen von Metaphern könnte Susan Sontags Buch *Krankheit als Metapher* fungieren, das in zwei Teilen 1977 und 1988 erschien. Ausgangspunkt dafür war Sontags Erfahrung, als Krebspatientin mehr als an der Krankheit selbst an Metaphern zu leiden, in denen der Krebs interpretiert wurde. Dass er etwa als Krankheit derer gilt, die »alles ›in sich hineinfressen‹ und alles unterdrücken«, sich somit eines mangelhaften Emotionsmanagements schuldig machen, verschlimmerte ihren Zustand nicht unerheblich. Und so wendet sie sich in ihrem Buch gegen die leichtfertig-einfache, oft auch nur schuldzuweisende Interpretation von Phänomenen mit Hilfe von Metaphern. Sie will damit »die Phantasie beruhigen, nicht sie aufreizen; nicht Bedeutung stiften, was sonst Ziel des Schreibens ist, sondern etwas seiner Bedeutung entkleiden«. Und ihr ist es wichtig, anderen Menschen »ein Instrument an die Hand [zu] geben, um die [...] Metaphern zu durchschauen und [...] Hemmschwellen abzubauen«.[102]

Dasselbe ist bezogen auf die Konsumwelt erforderlich. Die Inszenierungen des Marketing müssen ihrer Bedeutungen entkleidet werden; es braucht Instrumente, um die Gefahren zu erkennen, die in Metaphern wie ›Reparatur‹ oder ›Energie‹ stecken. (Eine gute Analyse einer anderen dramatisierend-kulturkritischen Metapher, in deren Gefolge ein riesiger Produktkosmos entstanden ist, bietet Werner Bartens, der zeigt, dass der Wunsch nach ›Entschlackung‹ zwar eindrucksvolle innere Bilder auslöst und der Wellness-Industrie enorme Umsätze beschert, es aber keinerlei objektive Rechtfertigung für eine solche Redeweise gibt. Sie führe sogar eher zu gesundheitlichen Gefährdungen als etwas Positives zu bewirken.[103])

Es gibt aber weitere Methoden, die gerade den Plot der Kulturkritik in Szene setzen. Statt nur zu suggerieren, Produkte könnten kompensatorisch wirken und Defizite kurzfristig ausgleichen, spricht man ihnen dann regenerative und heilende

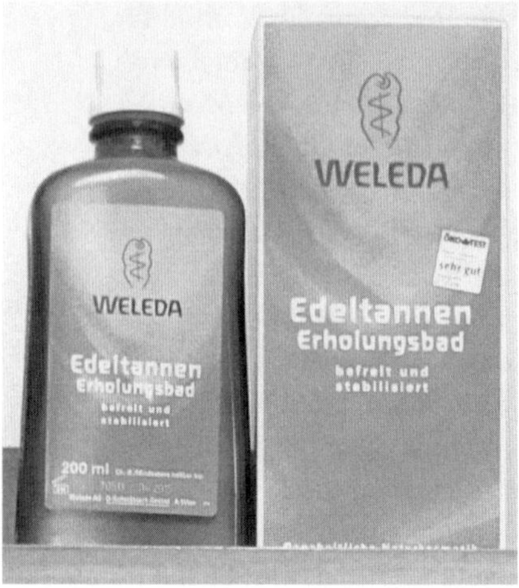

Wirkungen zu. Dies mit dem Argument, sie würden selbst der guten heilen Welt entstammen, seien also entweder noch der ersten Phase vor aller Entfremdung entsprungen oder aber Vorboten einer wieder intakten Zeit. Die Produkte treten mit Attributen des Ehrlichen und Authentischen auf, sie beschwören Natürlichkeit, Ursprünglichkeit, Reinheit.

Schon im »Zeitalter der Nervosität« entstanden Marken, die eine neue Ganzheitlichkeit behaupteten. Bis heute am bekanntesten dürfte *Weleda* sein, 1921 von Rudolf Steiner als anthroposophisches Unternehmen ins Leben gerufen. Kurz zuvor hatte er bereits »Der Kommende Tag AG – Aktiengesellschaft zur Förderung wirtschaftlicher und geistiger Werte« gegründet. Steiner erkannte genau die Marktlücke, die der Antimodernismus eröffnete, und wollte nicht nur sein weltanschaulich-adventistisches Gegenprogramm in Umlauf bringen, sondern auch ökonomisch Profit daraus schlagen. Basis hierfür war die Diagnose, »verschiedene Schädlichkeiten, die unser gegenwärtiges Leben in einer ganz außerordentlichen Weise beeinflussen«, würden weiterhin »immer schlechter und schlechter werden«; daher lebe, so Steiner in einem Vortrag 1912, »die Nervosität sich allmählich immer mehr und mehr in allerlei Krankheitsformen aus«.[104]

Mit *Weleda* sollte Abhilfe geschaffen werden, etwa mit dem 1924, noch zu Lebzeiten Steiners, entwickelten *Birken-Elixier* oder dem 1927 erstmals produzierten *Edeltannen-Erholungsbad*.[105] Es schenke »bei Anspannung, Überreizung oder Erschöpfung neue Kraft«, steht auf der Verpackung. Und weiter ist zu lesen, dieses Produkt »nimmt Sie gedanklich mit auf einen erholsamen Spaziergang durch einen ruhigen, klaren Wald. Sie finden Ihre innere Ausgeglichenheit wieder und können Ihre Gedanken in Ruhe ordnen.« Verschiedene andere Elixiere und Öle hatten ebenfalls dazu beizutragen, jenen kommenden Tag vorzubereiten, an dem jegliche Entfremdung und Entzweiung überwunden sein und Ich und Welt, Natur und Geist in ihrer Einheit gegenwärtig werden sollten.

Auch von Marketing verstand Steiner einiges, achtete er doch etwa darauf, dass der Name ›Weleda‹ in allen führenden Sprachen gut auszusprechen und frei von negativen Assoziationen ist;[106] das bis heute gültige Markenlogo aus Äskulapstab, Schlange und zwei menschlichen Figuren, die sich einander zuwenden, entwarf er ebenfalls selbst. Darin lässt sich kein geringerer Anspruch als die Aufhebung des Sündenfalls erkennen, nehmen die beiden Menschen die Schlange doch in ihre Mitte und finden so zu einer Einheit und Harmonie; es erfüllt sich der »Einklang mit Mensch und Natur«, den *Weleda* als Claim für sich reklamiert.

Später gegründete Unternehmen, die Kulturkritik in Form von Konsumgütern konfektionieren, holen nicht ganz so weit aus. Wenngleich auch sie jeweils eine Weltanschauung vertreten, kommen sie ohne metaphysisch-religiöse Systemansprüche aus und argumentieren eher sozialhistorisch als in Kategorien von Natur und Geist. So setzt die Marke *Manufactum*, wie der Name schon verrät, auf das alte Handwerk und die Tugend unentfremdeter Arbeit. Seit Thomas Hoof die Marke 1988 gründete, beklagte er in den jährlich erscheinenden Produktkatalogen den Verlust von Materialgerechtigkeit und Qualitätsbewusstsein. Der Slogan des Unternehmens, »Es gibt sie noch, die guten Dinge«, lässt Assoziationen zu Gute-Form-Predigten des Deutschen Werkbunds zu, bedient aber vor allem die Sentimentalität des kulturkritisch gestimmten Publikums. Aufgenommen wird dabei sowohl eine konservative Angst vor Wertverlust als auch eine ökologische Sorge um Umwelt und Lebensqualität. Und als handle es sich bei den eigenen Angeboten

um glückliche und gefährdete Relikte einer besseren Vergangenheit, stemmt sich *Manufactum* gegen den Verfall der Gegenwart, um zugleich als Vorkämpfer einer besseren Zukunft zu fungieren. Präziser wurde Antimodernismus wohl noch nie in ein Geschäftsmodell übertragen, das seinerseits zu einem starken Multiplikator kulturkritischer Topoi geworden ist. Die Professionalität des Auftritts von *Manufactum* – die Verführungskraft der Produkte – veranlasst selbst Konsumenten, die sich bis dahin kaum Gedanken über den Lauf der Geschichte und Fragen von Fortschritt und Niedergang gemacht haben, dazu, den Plot der Kulturkritik für schlüssig zu halten.

Ausdrücklich begreift sich *Manufactum* als Instanz, die aktiv zur Überwindung der Missstände der Moderne beitragen kann, indem man den Bogen in die alte Welt der Handwerksbetriebe und Klöster zurückschlägt. Im Werbetext für ein Olivenöl wird dann zuerst die alte Heiligste Dreifaltigkeit beschworen, bevor man den neuen zertifiziert-biologischen Landbau preist. Schwärzer und zugleich grüner geht es kaum.

Und unter der Rubrik *Manufactum*-Apotheke heißt es im Produktkatalog: »Wiederbelebt. Bewährte Rezepturen«. Ein Shampoo ist dort – noch oder erneut – ein Seifenstück, auf dessen grünem Etikett die »natürlichen Rohstoffe« hervorgehoben werden, das aber vor allem mit der Aussage beeindruckt, »von den Mönchen der Abtei St. Severin« und zudem »von Hand« gesiedet zu sein. Das lässt innere Bilder wach werden, auf denen demütig arbeitende Kuttenträger in mittelalterlichen Handwerksstuben an großen hölzernen Bottichen zu sehen sind, während sie langsam und geduldig die Seifensubstanz rühren. Dass es sich um eine Biershampooseife handelt, erweckt zudem einen Eindruck von Gemütlichkeit und Geselligkeit. Doch damit nicht genug. Die Autorität des Shampoos wird durch die Abbildung einer Benediktus-Medaille weiter gesteigert, die wie die Urform aller Gütesiegel erscheint. Zwar werden die meisten *Manufactum*-Kunden hier nur die römischen Lettern, ein Kreuz und vielleicht noch das Wort »PAX« – Frieden – erkennen, doch wer will, kann schnell in Erfahrung bringen, wofür die Buchstaben stehen. So bedeutet »CSSML« – im Längsbalken des Kreuzes – »Crux sancta sit mihi lux«, also: »Das heilige Kreuz sei mir Licht«, während »NDSMD« im Querbalken für »Non draco sit mihi dux« steht und »Nicht der Drache sei mein Führer« bedeutet. Genauso aussagekräftig sind die Abkürzungen, die kreisförmig um das Kreuz herum angeordnet sind. »V.R.S.N.S.M.V.« meint »Vade retro satanas, nunquam suade mihi vana« – »Weiche von mir, Satan, und führe mich niemals zur Eitelkeit« – und »S.M.Q.L.I.V.B.« ist in vollem Wortlaut als »Sunt mala quae libas, ipse venena bibas« zu lesen: »Schlecht ist, was Du einträufelst, trinke selbst das Gift.«

Es mag verwundern, wenn gerade auf einem Shampoo vor Eitelkeit gewarnt wird. Doch ist noch bemerkenswerter, dass auf der Medaille eine Variante desselben Plots dramatisiert und in Szene gesetzt wird wie bei Konsumprodukten, die Reparatur und Therapie für sich reklamieren. In beiden Fällen wird zuerst Unsicherheit, gar Depression erzeugt und auf Mängel, Gefahren, Verluste hingewiesen, um dann die Notwendigkeit eines Heilmittels umso dringlicher erscheinen zu lassen. Wie auf der Medaille das Kreuz die Rettung vor dem Teufel und seinem Gift ist, errettet das *Manufactum*-Shampoo vor der Kälte einer industrialisiert-geschichtsvergessenen Welt und ein anderes Shampoo vor der Entfremdung von der Natur.

Die Marken der heutigen Konsumkultur gewinnen ihre Kunden also mit ähnlichen Mitteln, mit denen die Kirche ehedem die Gläubigen an sich band: Statt die Angst vor dem Bösen zu schüren, erzeugt man mittlerweile kulturkritische Affekte. Und seine Strafpredigt bekommt der Mensch vor einem Shampoo-Regal im Supermarkt, wenn ihm nahegebracht wird, wie mangelhaft und therapiebedürftig er doch ist.

Andere Produkte bedienen nicht nur einen kulturkritischen Standpunkt, sondern eignen sich auch als Symbole für eine antimoderne Haltung. Wer sie gebraucht, kann demonstrieren, selbst noch frei von Entfremdung zu sein. So zelebrieren etwa Traditionalisten und Sympathisanten der Kulturkritik gerne, dass sie mit der Hand schreiben und zumindest Persönlicheres – Tagebücher, Reisenotizen, Gedanken, Briefe – keinem technischen Gerät oder Computer anvertrauen wollen. Füller und Schreibhefte gelten entsprechend als Bollwerke gegen Mechanisierung und Anonymisierung, sie werden als Utensilien kreativer Individualität präsentiert.

Eine besondere Karriere erlebten Notizbücher von *Moleskine*. Dass sie vor allem in Museumsshops und besseren Schreibwarenläden verkauft werden, verleiht ihnen ebenso eine Nähe zu gediegener Kreativität wie ihre Vermarktung mit Namen wie Matisse, Picasso und Hemingway, die solche Bücher benutzt haben sollen. Wer meint, etwas Bedeutendes aufzuschreiben oder etwas Originelles zu skizzieren zu haben, soll sich also angesprochen fühlen.

In Wirklichkeit ist das Produkt aber viel jünger, als es die bereits klassischen Namen von Künstlern und Schriftstellern suggerieren. Sein wahrer Urheber ist auch kein Schreibwarenproduzent, sondern der Schriftsteller Bruce Chatwin. So benutzt die autobiographische Hauptfigur seines 1987 erschienenen Buchs *Traumpfade*, ein Weltenbummler, der die Kultur der Aborigines in Australien studiert, Notizbücher, deren Einträge seine völlige – intellektuelle wie geographische – Ungebunden-

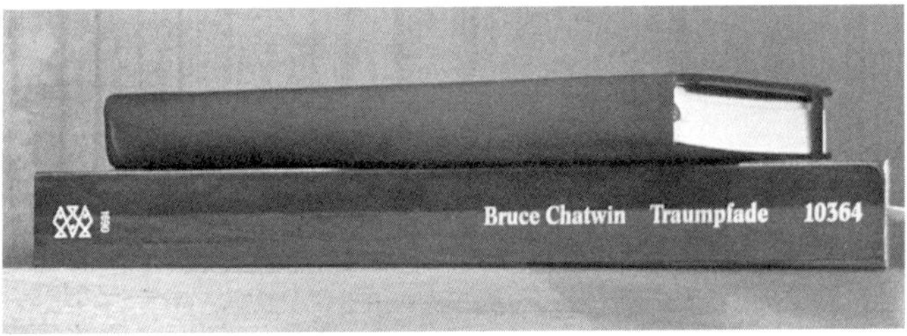

heit dokumentieren. Auf Reisen nach Paris holt er sich in einer kleinen Papeterie immer wieder Nachschub, muss jedoch eines Tages erfahren, dass diese Notizbücher, für die Chatwin sich den Namen *Moleskine* einfallen ließ, nur noch in einem einzigen Betrieb in Südfrankreich fabriziert würden. Daraufhin gibt der Protagonist eine besonders große Bestellung auf, dies allerdings zu spät. Als er sie abholen will, teilt ihm die Verkäuferin mit: »Le vrai Moleskine n'est plus« – das wahre *Moleskine*-Notizbuch gebe es nicht mehr.[107]

Sie haben also angeblich ein anderes Schicksal erlitten als die guten Dinge von *Manufactum*, die es noch gibt. Tatsächlich jedoch kam ein Produzent erst durch Chatwin, zehn Jahre nach Erscheinen von dessen Roman, auf die Idee, die Marke *Moleskine* zu gründen. Die Notizbücher existieren somit erst seit 1997 und haben mit Picasso und Hemingway nichts zu tun. Doch allein weil sie so markant für eine alte Schreibkultur stehen, unterstellt man ihnen von vornherein eine lange Tradition. Man erkennt nicht, dass sie nur entwickelt wurden, um eine Marktlücke zu schließen, die einerseits durch die zunehmende Technisierung und Digitalisierung des Schreibens entstanden ist, andererseits aber aus einem gesteigerten Streben nach Kreativität und Selbstverwirklichung folgt, die wiederum als Kompensation jeglicher Form von Entfremdung hochgehalten werden.

Die Konjunktur der Kreativität, die mit jeder Füller-Werbung und erst recht im breiten Feld zwischen Bastelbedarf und Esoterik forciert wird, ergänzt oder ersetzt aber auch einen Kult um die Kunst. So galt diese ihrerseits lange Zeit – seit der Romantik – als inselhafter Ort jenseits aller Entfremdung. In ihr suchten Antimodernisten und Kulturkritiker jenes Noch und Wieder, das sich heute allenthalben konsumieren lässt. So rebellisch und umstürzlerisch viele Künstler der Avantgarde auftraten, so wenig vertrauten sie zugleich also einem Fortschritt. Vielmehr gehörte es sogar zu den Topoi der künstlerischen Moderne, wie der Kunstwissenschaftler Beat Wyss herausarbeitete, »zum Anfang zurückzukehren«. Kultur sei »neu zu erfinden auf dem Grund des Ursprünglichen, Echten«.[108]

Noch bevor er *Weleda* aus der Taufe hob, beeinflusste Rudolf Steiner Künstler wie Wassily Kandinsky, die sich auf dem Weg zu einer höheren, geistigeren Welt sahen und für ihre Werke beanspruchten, die Menschen über alle Formen von Entzweiung hinauszuführen. Literatur, Musik und bildende Kunst seien »die ersten empfindlichen Gebiete, wo sich diese geistige Wendung bemerkbar macht in realer Form«, heißt es bei Kandinsky in *Über das Geistige in der Kunst* (1912). Und weiter: »Diese Gebiete spiegeln das düstere Bild der Gegenwart sofort ab, sie erraten das Große, was erst als ein kleines Pünktchen nur von wenigen bemerkt wird und für die große Menge nicht existiert.« Aus solchen Überlegungen erwuchs insbesondere die Karriere der abstrakten Malerei, denn sie verhieß eine Abwendung »von dem seelenberaubten Inhalt des gegenwärtigen Lebens« und eine Erfüllung des »nichtmateriellen Streben[s] und Suchen[s] der dürstenden Seele«. Eine abstrakte Kunst käme aus dieser Sicht einer Erlösung gleich, sie sollte zur neuen Heimat spirituell gewordener Menschen werden. Kandinsky zitiert auch Helena Blawatzky, Vorläuferin und enge Weggefährtin Steiners, mit den Worten, dass »im einundzwanzigsten Jahrhundert die Erde ein Himmel sein werde im Vergleich zu dem, was sie gegenwärtig ist«.[109]

Tatsächlich jedoch ist nicht nur der adventistische Glaube an die Abstraktion längst in eine tiefe und vielleicht sogar irreversible Krise geraten; vielmehr suchen Kulturkritiker in der

Kunst generell nur noch vereinzelt nach Vorboten einer besseren neu-alten Welt. Sie hoffen lieber auf eine Freisetzung ihrer eigenen Kreativität, ja vertrauen auf die Kraft ihrer Individualität, die wiederum durch kaum etwas so bestätigt wird wie durch die vielen Konsumprodukte, die sich an den Einzelnen richten und ihn zu perfektionieren versprechen. Selbst aktiv etwas zu machen und zu gestalten wird demnach eher als authentisch empfunden als das bloße Rezipieren von Kunst. Ein Ende der Kulturkritik ist dennoch nicht in Sicht, und auch im 21. Jahrhundert ist die Erde kein Himmel. Im Gegenteil: Wohl noch nie in ihrer langen Geschichte war die Kulturkritik so stabil und erprobt wie heute, da die Logik der Marktwirtschaft sich allenthalben durchgesetzt hat und nach Dramatisierungen verlangt. Zu Ware und Produkt geworden, hat die Kulturkritik neue Formen angenommen. Sie ist nicht mehr nur im Medium der Schrift wirksam, vielmehr ist mit ihr an jedem ›Point of Sale‹ zu rechnen.

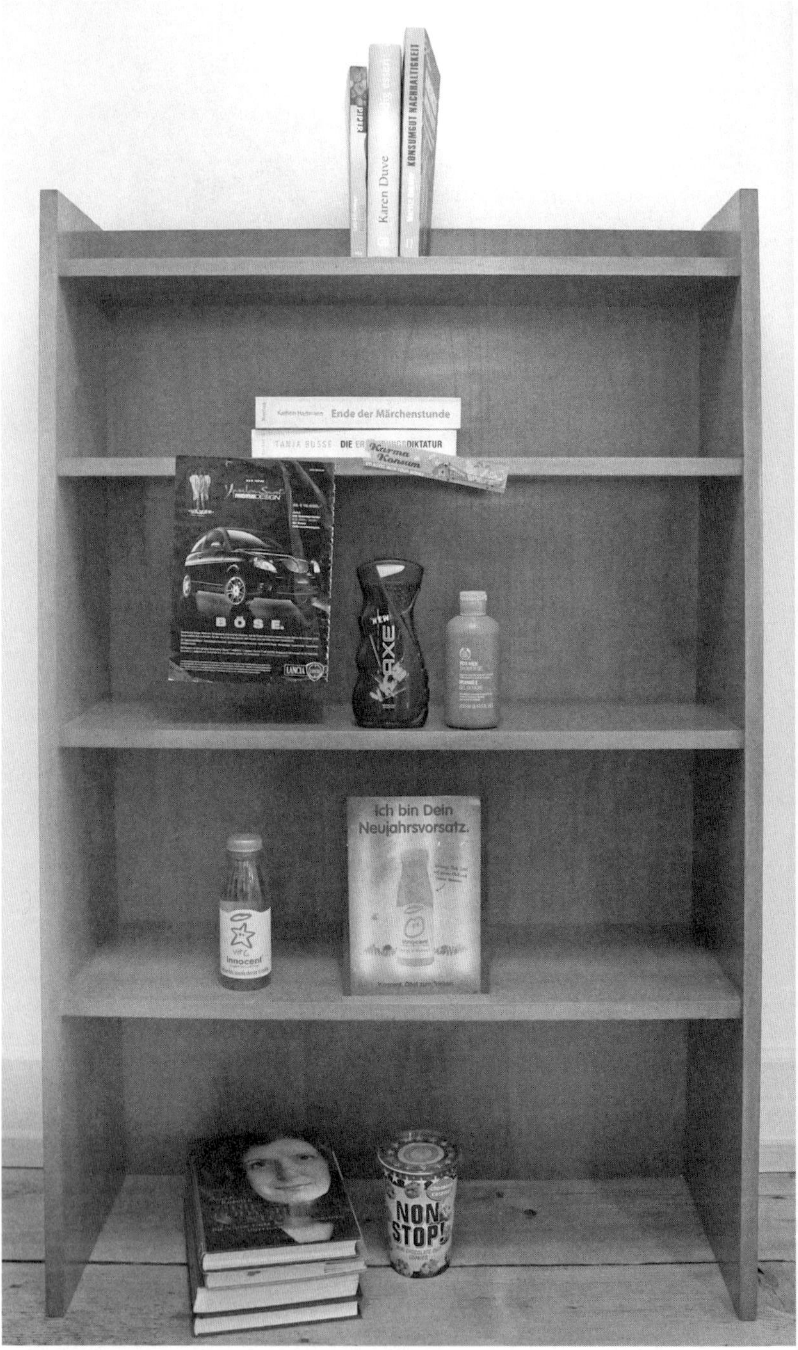
Karen Duve
KONSUMGUT NACHHALTIGKEIT
Kathrin Hartmann Ende der Märchenstunde
TANJA BUSSE
Karma Konsum
BÖSE.
LANCIA
NEW
AXE
Ich bin Dein Neujahrsvorsatz.
innocent
NON STOP!

VII Gewissenswohlstand

Wer Geld hat, kann sich nicht nur dopen, sondern auch ein besserer Mensch werden. Das gute Gewissen ist nämlich käuflich geworden. Mit Produkten aus einem Bio-Supermarkt oder Eine-Welt-Laden kann man seit einigen Jahren ebenso Portionen davon erwerben wie mit vielen anderen Markenartikeln. »Damit sich Ihr Gewissen so wohlfühlt wie Ihre Haut«, steht etwa unter einer Anzeige für Polo-Shirts, die das Warenhaus des *Greenpeace Magazins* anbietet.[110] Ein Möbelhaus wirbt für seine Waren aus heimischen und recycelbaren Naturmaterialien damit, der Käufer tue »der Umwelt *und* sich selbst etwas Gutes – Ihrer Gesundheit, Ihrem Gewissen und Ihren Sinnen«.[111] Und den graphischen Rahmen der Webplattform *karmakonsum.de* bildet eine Zeichnung, auf der man einen Konsumenten mit einem riesigen Einkaufswagen sieht, der mit Bio- und Fairtrade-Produkten angefüllt ist. Über seinem Kopf aber schwebt ein ebenso riesiger Heiligenschein. Wer das Richtige einkauft, braucht sich um sein Seelenheil also keine Sorgen zu machen.

Dass Bio- und Fairtrade-Produkte meist teurer als andere sind, bestätigt den Konsumenten in seinem guten Gewissen. Immerhin leistet, wer mehr Geld als nötig ausgibt, nicht nur ein Lippenbekenntnis zu Ökologie und Nachhaltigkeit, sondern verzichtet freiwillig auf einen Teil seines Vermögens, damit die Hersteller sorgfältiger mit Rohstoffen umgehen, ihre Angestellten besser bezahlen oder sich um die Entwicklung energiesparender Techniken bemühen.

Doch kann der Erwerb guten Gewissens als Kaufmotivation stärker werden als die Sorge um Infrastruktur und Zukunft. Manche Hersteller bemühen sich auch gar nicht, transparent zu machen, was sie leisten, um gutes Gewissen auf Seiten des Konsumenten gerechtfertigt erscheinen zu lassen; vielmehr offerieren sie es ohne weitere Begründung. Und statt die Berechtigung eines höheren Preises daher anzuzweifeln, nehmen die Konsumenten ihn paradoxerweise als Zeichen dafür, dass alles mit rechten Dingen zugeht. Hier wird das gute Gewissen zur direkten Gegenleistung für das zusätzlich gezahlte Geld; es ist nicht nur Folge eines bestimmten Konsumhandelns, sondern die eigentliche Ware, die man erwirbt. Und tatsächlich dürfte in den letzten Jahren kaum eine andere Ware eine so große Marketing-Karriere gemacht haben. Etliche Marken und ganze Branchen leben davon, gutes Gewissen konfektioniert anzubieten. Dabei gilt die Regel: Je größer die Preisdifferenz zu Produkten ohne Gewissensfaktor ist, desto größer ist das Potenzial dafür, zum guten Menschen zu werden.

Damit jedoch haben die Ärmeren kaum eine Chance auf Gewissens-Boni. Sie müssten wirkliche Opfer bringen und auf anderes ganz verzichten, um einzelne Produkte konsumieren zu können, die Seelenwohl bereiten. Für sie bleibt das gute Gewissen ein knappes Gut, womit sie einmal mehr in ein gesellschaftliches Abseits zu geraten drohen, während andere immer mehr Gewissenswohlstand anhäufen können. Letztere sind also in einer ähnlichen Position wie im Mittelalter die

Käufer von Ablassbriefen. Ging es damals vordergründig ebenfalls darum, ein gutes Werk zu tun und mit einer Geldsumme etwa einen Kirchenbau zu unterstützen, so bestand das eigentliche Ziel darin, sich vom Fegefeuer freizukaufen und Seelenheil – einen Heiligenschein – zu erlangen. Wer reich war, zahlte an die Kirche oder engagierte andere Menschen, die an seiner Stelle fasteten oder eine Wallfahrt machten.

Heute leistet man Kompensationszahlungen für die CO_2-Emissionen, die man durch eine Flugreise verschuldet, und trägt so dazu bei, dass irgendwo auf der Welt ein CO_2-minderndes Projekt finanziert wird. Doch geht es eigentlich mehr um das gute Gefühl, das man in dem Moment erwirbt, in dem man eine solche Kompensationszahlung anweist. Fast niemand will wirklich sehen und überprüfen, was mit dem Geld – oft ohnehin in einem anderen Erdteil – konkret geschieht. Dies zeigt jedoch nur, dass die Triebfeder für das Handeln egoistischer Natur ist: Man strebt nach Absolution, will sich als guten Menschen erfahren und, wie der mittelalterliche Vorfahre, ein wenig Seelenheil für sich verbuchen, das diesmal nur etwas diesseitiger begriffen wird.

Vermutlich war es sogar seit der Blütezeit des Ablasshandels Reicheren nicht mehr so komfortabel möglich, ihr Gewissen zu erleichtern. Und wie es ehedem wichtig für sie war, dass ein Ablassbrief das Siegel einer Autorität – im besten Fall des Papstes – besaß, sind es mittlerweile Gütesiegel auf den Produkten, die beglaubigen sollen, dass das gute Gewissen zu Recht erworben wurde. Immerhin war die Unsicherheit, einem Ablass-Fake aufzusitzen und im Jenseits vielleicht doch kein Seelenheil zu empfangen, kaum größer als heute die Unklarheit darüber, ob ein Produkt wirklich nachhaltig und ohne Ausbeutung produziert wurde. Doch sind die Gütesiegel infolge einer Inflationierung in den letzten Jahren ihrerseits unsicher geworden.[112] So notwendig es also wäre, die Qualität aller Siegel selbst eigens zu prüfen, so bequem haben es sich die meisten Gewissenskonsumenten angewöhnt, jedes zusätzliche Siegel einfach nur als Surplus für ihre Seelenruhe zu interpretieren. Ungehemmt können sie sich dann an dem Gefühl berauschen, hoch moralisch zu sein.

Doch warum ist das gute Gewissen überhaupt ein so begehrtes Gut und konnte zu einem zentralen Gegenstand der Werbung werden? Das setzt voraus, dass heutzutage viele Menschen an sich von schlechtem Gewissen geplagt sind. Und das wiederum ist nicht zuletzt Folge ihres materiellen Wohlstands: Sie treibt das Gefühl um, so viel Komfort, Freiheit und Abwechslung, wie seit einigen Jahrzehnten – erstmals in der Geschichte – geboten sind, könnten nicht wirklich verdient sein. Das alles müsse sich rächen, ja das Wohlleben sei nur möglich auf Kosten anderer, der Dritten Welt oder der Natur, die früher oder später einen grausam hohen Preis dafür verlangen würden.

Der Eindruck, ungerechtfertigt begünstigt zu sein, schürt also gerade bei denen, die besonders vom materiellen Wohlstand profitieren, schlechtes Gewissen – und weckt entsprechend den Wunsch, Sühne zu leisten und sich zu entschulden. Wiederum gibt es Parallelen zu den Zeiten blühenden Ablasshandels. So waren auch damals die Reichen besonders verunsichert, was ihre Aussicht auf Seelenheil anbelangte. Immerhin waren sie fortwährend mit Aussagen der Bibel konfrontiert, wonach etwa eher ein Kamel durch ein Nadelöhr komme als ein Reicher ins Himmelreich. Wer reich war, hatte auch mehr Gelegenheit, zu sündigen, ergriff also gerne die Chance, sein Schuldkonto durch Ablasszahlungen zu entlasten. Genauso richten sich heute die meisten Gutes-Gewissen-Produkte an die Wohlhabenderen, und während in Discountern das Gewissen kaum einmal zum Verkaufsargument wird, ist es in Läden, die von Gutverdienern besucht werden, eines der großen Themen. Für Letztere ist es eine beglückende Erfahrung, ihre Schuldgefühle loswerden zu können, ohne auf die Vorzüge des Reichseins verzichten zu müssen. Ihren materiellen Wohlstand nutzen sie vielmehr dazu, sich auch noch Gewissens-Wohlstand zu erwerben.[113]

Das aber wird ihnen aufgrund unscharfer Kriterien ziemlich leicht gemacht. So suggeriert die Werbung immer wieder, es genüge schon, an die eigene Gesundheit zu denken, um zugleich gutes Gewissen haben zu dürfen. »Gute Gesundheit, gutes Gewissen« ist etwa ein Slogan, mit dem *Nestlé* für einige seiner Produkte wirbt. Und bei den seit einigen Jahren viel zitierten Vertretern von LOHAS ist die Vermischung altruistischer und egoistischer Motive sogar Programm, steht das Akronym doch für ›Lifestyle of Health and Sustainability‹, also die Sorge um die eigene Gesundheit und um nachhaltiges Wirtschaften. Dadurch fällt auch auf primär egoistisch motiviertes Handeln ein Flair von Altruismus. Daher lässt sich aus dem Konsum von Bio- oder Fairtrade-Produkten viel mehr gutes Gewissen schöpfen, als das bei genauer Analyse des Kaufverhaltens der Fall sein dürfte: Selbst wer beim Kauf von pestizidfreiem Obst eigentlich nur an die eigene Allergie und nicht an die Umwelt denkt, darf das Gefühl haben, altruistisch und damit gut zu handeln. Und wer das Präfix ›bio-‹ deshalb so gerne mag, weil es eine nostalgische Stimmung, ja ein Kinderbuchbild vom Bauernhof auslöst, wird diese warmen, guten Gefühle auch gerne als Emanationen guten Gewissens interpretieren.

Zum Jahreswechsel 2010/11 trat das Unternehmen *Innocent* – ein Hersteller von Smoothies, also von Frischfruchtsäften – mit einer Plakat-Kampagne auf den Plan, bei der ebenfalls das gute Gewissen im Zentrum stand. Daraus ergab sich folgender Mailwechsel:

»Sehr geehrte Damen und Herren, leider muss ich an Ihrer aktuellen Kampagne Kritik üben. Die Aussage, man könne durch eines Ihrer Getränke ›mit reinem Gewissen‹ versorgt werden, finde ich nämlich gleichermaßen unseriös wie leichtfertig. Wieso sollte ich ein reines Gewissen für mich in Anspruch nehmen dürfen, nur weil ich mir etwas Gutes tun will? Das könnte doch höchstens der Fall sein, wenn ich mich anderen gegenüber gut verhalte. Sie erwecken also den Eindruck, gutes Gewissen sei eine sehr einfach zu erwerbende Sache. Zudem suggerieren Sie, die Käufer Ihrer Produkte seien bessere Menschen als andere, die vielleicht jedoch nur nicht das Geld haben, um sich Ihre Getränke leisten zu können. Eine moralische Qualifikation an eine Konsumentscheidung und damit an den Einsatz von Geld zu knüpfen, ist aber elitär und diskriminierend.«

»Vielen Dank für Ihr Feedback zu unserer Werbekampagne. Ich freue mich, dass Sie sich damit so intensiv auseinandergesetzt haben. Ihre Überlegungen zu den moralischen Aspekten finde ich sehr interessant. Ich kann Ihren Standpunkt allerdings leider nicht nachvollziehen. Wir hatten keinerlei Intention, auf unseren Plakaten moralische Aussagen zu treffen.

Kennen Sie das Gefühl, wenn Sie eine ganze Tafel Schokolade alleine essen und danach ein schlechtes Gewissen bekommen, weil Ihnen klar ist, dass Sie sich ungesund ernähren und es eigentlich besser wissen müssten? Das hatte ich gerade über Weihnachten wieder. *Innocent Smoothies* sind natürlich viel besser als eine Tafel Schokolade. Deshalb steht über dem Plakat ja auch ›Ich bin Dein Neujahrsvorsatz‹. Jedes Jahr führt gesunde Ernährung die Liste der Neujahrsvorsätze an. Und da bei *Innocent Smoothies* das schlechte Gewissen ausbleibt, sollte es rein sein.

In keinster Weise wollten wir suggerieren, dass *Innocent Smoothies* moralisch über anderen Produkten stehen. Sollten Sie sich persönlich durch unsere Plakate angegriffen fühlen, möchte ich mich in aller Form dafür entschuldigen. Dies ist niemals unsere Absicht. Da bisher die Rückmeldungen auf die Plakate durchweg sehr positiv sind, gehe ich davon aus, dass wir nicht zu stark anecken. Trotzdem werden wir Ihren Einwand selbstverständlich prüfen und ggf. auf alternative Formulierungen wie ›ohne Reue‹ ausweichen.«

»Vielen Dank für Ihre ausführliche und freundliche Antwort auf meine Kritik! Allerdings bleibe ich dabei, dass ich die Beschwörung eines reinen Gewissens für problematisch halte. Gewissensfragen sind doch immer Fragen, bei denen es um mein Verhalten anderen Menschen gegenüber geht. Ich habe kein schlechtes Gewissen, weil ich eine Tafel Schokolade esse, obwohl ich eigentlich den Vorsatz hatte, keine mehr zu essen – aber ich habe schlechtes Gewissen, wenn ich meine Freundin belüge oder einem Kollegen die Forschungsergebnisse klaue. Umgekehrt habe ich kein reines Gewissen, wenn ich die Schokolade nicht esse, ein Smoothie trinke, gesund bleiben, schön aussehen, erfolgreich sein will, sondern wenn ich meinen Mitmenschen keinen Schaden zufüge, sie nicht unnötig gefährde, nicht auf ihre Kosten etwas durchsetze.

Indem Sie das ›reine Gewissen‹ mit dem Konsum Ihrer Produkte verknüpfen, suggerieren Sie, die übliche Bedeutung des Wortes ausnützend, man tue nicht nur sich, sondern allgemein (z.B. der Umwelt, anderen Menschen) etwas Gutes, wenn man ein *Innocent Smoothie* trinkt. Schon der Name Ihres Produkts verheißt dies ja: Wer das trinkt, darf sich unschuldig fühlen. Schuld ist aber ebenso wie Gewissen eine Kategorie, die nur im Verhältnis zu anderen Menschen auftreten kann. Ich werde nicht schuldig, wenn ich die Schokolade esse – und wieso sollte ich unschuldig werden, nur weil ich ein Smoothie trinke?

Würden Sie, wie in Ihrer Mail vorgeschlagen, von ›ohne Reue‹ statt von ›reinem Gewissen‹ sprechen, hätte ich hingegen keine Bedenken. Tatsächlich kann ich es bereuen, etwas Falsches oder zu viel gegessen zu haben; Reue ist nicht nur aufgrund meines Verhaltens anderen Menschen gegenüber möglich. Daher sollten Sie Ihre Marke vielleicht sogar nach Edith Piaf in ›Je ne regrette rien‹ umtaufen. Das würde auch sehr viel lustvoller klingen!«

»Wir nehmen uns gerne die Zeit, jede E-Mail persönlich zu beantworten. Letztlich sind ja Sie die Person, die am Ende des Tages mein Gehalt bezahlt.

Sicherlich haben Sie sich nach Betrachten unserer Kampagne nicht direkt über unsere Aktivitäten im Bereich Nachhaltigkeit informiert. Wir gelten in der Lebensmittelbranche als Paradebeispiel für nachhaltiges Handeln. Das hängt vor allem damit zusammen, dass wir unser Obst nur von Farmen kaufen, die Arbeiter und Umwelt schützen, und dass wir ständig unsere Verpackungsmaterialien optimieren bzw. deren Menge reduzieren. Zudem waren wir die Ersten mit einem CO_2-Fußabdruck, den wir Jahr für Jahr reduzieren, und 10% unserer Gewinne fließen in die *Innocent Foundation*, die damit die Menschen in den Ländern unterstützt, aus denen unsere Früchte stammen. Zumeist handelt es sich dabei um langfristig angelegte Agrarprogramme, die eine nachhaltige Zukunft für die unterstützen Menschen ermöglichen.

Vielleicht machen *Innocent Smoothies* doch ein gutes Gewissen, allerdings war diese Verbindung in der aktuellen Kampagne gar nicht unsere Absicht.«

Es ist auffällig, dass der Sprecher es zuerst gar nicht für wichtig erachtet, die ökologischen und sozialen Leistungen des Unternehmens hervorzuheben. Vielmehr scheint ihm der Verweis auf die Gesundheitstauglichkeit des Produkts ausreichend zu sein, um das Gewissensversprechen zu rechtfertigen. Das zeigt exemplarisch, wie verwaschen der Gewissensbegriff verwendet wird – und wie sehr es dem Marketing nur darum geht, den Käufern ein paar gute Gefühle zu bereiten. So wird das gute Gewissen zu einer Spielart von Wellness-Marketing.

Doch ist die Verheißung guten Gewissens nicht zumindest so lange unproblematisch, als man Konsumenten auf diese Weise dazu bringt, auch wirklich Gutes zu tun, also etwa Menschen in armen Ländern mit Agrarprogrammen zu unterstützen? Muss man so streng mit dem Begriff des guten Gewissens umgehen, wenn letztlich doch etwas passiert, das nicht nur für den Konsumenten selbst positiv ist? Tanja Busse, Autorin des Buches *Die Einkaufsrevolution* (2006), plädiert für eine pragmatische Einschätzung, wenn sie meint, einen Kaffeebauern in der Dritten Welt störe es gewiss nicht, dass »er nur deshalb mehr Geld bekommen hat, weil jemand sein Gewissen beruhigen wollte«. Für sie geht es allein »um die Wirkung«; der Zweck heiligt die Mittel.[114]

Aber welche Folgen hat so viel Pragmatismus? Verändert es Menschen nicht, wenn ihnen zu leicht – selbst für egoistische Handlungen – viel gutes Gewissen verkauft wird? Was bedeutet es überhaupt, Konsumenten mit der Aussicht auf ein gutes Gewissen zu locken? Werden sie dann nicht daran gewöhnt – damit verwöhnt –, sich für gute, moralisch integre Personen zu halten? Und wird sie das nicht zu Anwandlungen von Selbstgerechtigkeit verführen? Ihnen Überlegenheitsgefühle bereiten? Werden sie nicht voll Dünkel denjenigen gegenüber auftreten, die andere – weniger gewissensförderliche – Produkte als sie selbst konsumieren?

Zu befürchten ist also, dass sich die Käufer von Smoothies und ähnlichen Produkten von ihren Gewissens-Oasen aus moralisierend und ziemlich verständnislos gegenüber den Konsumenten von Billigprodukten und jeglichen Artikeln äußern, die nicht zu LOHAS-Prinzipien passen. Studien belegen, dass Menschen, sobald sie Bio-Produkte oder Artikel, auf denen Moral-Vokabeln zu lesen sind, auch nur sehen, rigider und intoleranter in ihren Urteilen werden. Offenbar fühlen sie sich dann zu mehr Härte, aber ebenso zu größerer sozialer Gleichgültigkeit berechtigt, verheißt ihnen ihr Produktumfeld doch, selbst auf der richtigen Seite zu stehen.[115]

Entsprechend trifft man bei Gewissenskonsumenten immer wieder auf Spitzen und abschätzige Bemerkungen gegenüber den Menschen aus einfacheren Milieus. Deren Lebensstil wird mit Viel-Fernsehen, Computerspielen und Dickwerden assoziiert und so sehr diskreditiert, dass mancher ihn sogar am liebsten gesetzlich verbieten ließe. Wer »von der bürgerlichen Bildungspädagogik nicht erreicht und von der grünen Propaganda zu ökologischem Verhalten nicht gebracht werden« konnte, wird, so der Journalist Jens Jessen, als »potenziell gefährlich« empfunden, dürfte sich umgekehrt jedoch von einem »Terror der Tugend« bedroht fühlen, der ihm jeden Genuss streitig machen will.[116]

Gerne werden Studien zitiert, die belegen sollen, dass schlechte Ernährung dumm oder depressiv macht, und auf Portalen wie *utopia*, einem zentralen Treffpunkt des LOHAS-Milieus, sucht man immer wieder den genussvollen Schauder beim Blick von hoch oben nach weit unten. So heißt es, man wolle auf der Seite »Lust machen [...] auf die besseren Produkte und guten Unternehmen. Die Niederungen der Konsumwelt reichen aber bekanntlich weit nach unten – jenseits von gut und besser.«[117] Dass viele gerne jene Niederungen verließen, wenn sie genügend Geld hätten, um sich ebenfalls gutes Gewissen kaufen zu können, wird bei solchen Bemerkungen ignoriert. Auch sonst fühlt man sich in seinem Wohlstand sicher, hält ihn für selbstverständlich und überlegt nicht eigens, welche finanziellen Folgen einzelne Vorschläge haben. So wünscht sich etwa Tanja Busse bei ihrem Einsatz für höherwertige Lebensmittel, dass auch Bier endlich »wie Wein behandelt«, ja zu einer Sache von »Kennerschaft« werden möge, gute Inhaltsstoffe also eine Würdigung erfahren sollten. Dabei scheint ihr jedoch nicht klar zu sein, dass Bier, würde ihr Wunsch erfüllt, kaum noch länger eines der wenigen Produkte bliebe, bei denen es keine enormen Preisdifferenzen zwischen alltäglicheren und ausgefalleneren Sorten gibt.[118] Auch hier hätten die Einkommensschwachen also wieder das Nachsehen.

Statt die Menschen zu bedauern, die sich nur preiswerte Produkte wie einen Joghurt leisten können, dessen Erdbeergeschmack durch »Schimmelpilze [entsteht], die auf den Sägespänen einer australischen Holzart gewachsen sind«,[119] machen es ihnen Moralkonsumenten geradezu zum Vorwurf, sich schlecht zu ernähren. Hier sieht man die Kehrseite jener Großzügigkeit, mit der gutes Gewissen zugestanden wird: So wie sonst das Recht darauf allein aus dem Willen zu gesunder Ernährung abgeleitet wird, erscheint es jetzt umgekehrt als begründet, auch schon jeden für schuldig zu erklären, der nicht die besten Lebensmittel zu sich nimmt.

Oder besteht die Schuld in mangelndem Wissen und Engagement? Unterstellt wird offenbar, dass jeder, der um die Genese des Erdbeergeschmacks im Joghurt weiß, darauf verzichtet, dass aber auch jeder, der sich noch nicht einmal um die Qualität dessen kümmert, was in den eigenen Körper gelangt, erst recht desinteressiert an sämtlichen ökologischen und sozialen Fragen ist. Und daher wäre der Kauf eines solchen Joghurts ein Indiz für ein insgesamt unzulängliches Konsumverhalten.

Moralkonsumenten blenden oft nicht nur die ökonomischen Voraussetzungen anderer Konsumenten aus, sondern auch deren Möglichkeiten, Zeit für Recherchen aufzubringen. Während jemand wie Tanja Busse als Journalistin immerhin Geld damit verdienen kann, den Herkunftsbedingungen einzelner Produkte nachzugehen, bedeutet es für die meisten Konsumenten erst einmal nur Aufwand. Doch sie deshalb gleich als nachlässig – als ignorant und unmoralisch – zu diskriminieren ist voreilig, zumal es auch den ambitioniertesten Konsumenten nicht gelänge, annähernd allem nachzuforschen, was sie kaufen.

Dafür könnten sie ihre eigene Praxis überdenken, die oft nur darin besteht, ein einmal als unsauber arbeitendes Unternehmen immer wieder anzuprangern. Andere übernehmen das dann ungeprüft, vielleicht sogar noch nach Jahren, wenn sich die Verhältnisse in dem Unternehmen längst gebessert haben. Aus einer Branche wird meist auch nur ein Wettbewerber herausgegriffen und zum Gegner erklärt, obwohl anzunehmen ist, dass die anderen höchstens graduell besser sind. Sie hatten nur mehr Glück und konnten ihre Missstände besser verbergen, oder eine PR-Panne blieb ihnen erspart. Die angeklagten Unternehmen sind also nicht mehr als symbolische Bösewichte; an ihnen wird stellvertretend festgemacht, was als skandalös gilt.

Aber auch die Kriterien, nach denen die moralische Qualität eines Unternehmens oder Produkts bestimmt wird, sind nicht immer so eindeutig, wie Gewissenskonsumenten gerne suggerieren. Zudem blenden sie oft aus, dass man zwischen verschiedenen Zielen eine Rangfolge festlegen müsste, zumal das Erreichen des einen nicht selten nur auf Kosten anderer möglich ist: Ist der CO_2-Verbrauch problematischer als die Müllentsorgung, sollten die Arbeiter eher gewerkschaftlich organisiert sein dürfen oder unter Einhaltung höchster Sicherheitsstandards tätig sein? Wie sind Produktionsbedingungen gegen Transportbedingungen zu verrechnen? Und warum sollte auf die psychischen Folgen des Designs für den Konsumenten viel weniger geachtet werden als auf die Belastungen der Ozonschicht durch das Produkt?

Doch statt zu akzeptieren, dass verschiedene Konsumenten nach verschiedenen Kriterien einkaufen – oder dass manche Menschen ihre Zeit lieber für soziales Engagement oder ihre Familie als für Konsumrecherchen verwenden –, sind die meisten Gewissenskonsumenten rigoros und wollen ihre Werte zur allgemeinen Norm erheben. So fordern sie etwa einheitliche, staatlich verordnete Kennzeichnungspflichten für alle Produkte, ohne zu sehen, dass damit alle anderen Faktoren, die keiner solchen Verpflichtung unterlägen, aus dem Blick gerieten und als irrelevant diskreditiert würden. So würde zwar vielleicht die CO_2-Sensibilität zunehmen, dafür jedoch das Bewusstsein für Ressourcenverbrauch verkümmern. Wer also schon Seelenheil im Konsum sucht und sich hier mehr als in anderen Lebensbereichen als moralisch und verantwortungsbewusst erleben will, sollte die eigenen Prioritäten lieber bei einzelnen Marken durchzusetzen versuchen. Damit ließen sich vielleicht nach und nach selbst Konsumenten überzeugen, die bisher noch anders denken.

Ausgehend von der LOHAS-Bewegung hat sich in den letzten Jahren bereits ein ganzer Kosmos neuer Marken und Artikel etabliert. Weit von Konsumverzicht entfernt, manifestiert sich eine umwelt- und gesundheitsbewusste Haltung nun mit eigenen Produkten in eigenen Läden. Allerdings folgt auch aus dieser Entwicklung, bei der Werteprioritäten eher durch Marktnachfrage als durch politische Entscheidungen deutlich werden, dass sich gesellschaftliche Gegensätze verfestigen und verstärken. LOHAS sei »kein Prinzip, das auf Gemeinschaft setzt, sondern eines, das die Ausgrenzung schlechter gestellter Schichten weiter vorantreibt«, schreibt die Journalistin Kathrin Hartmann in einer kritischen Analyse des Bio-Booms.[120] Genau genommen ergibt sich sogar eine neue Drei-Klassengesellschaft. So grenzen sich die Gewissenskonsumenten einerseits gegenüber Ärmeren, die sich LOHAS-Produkte nicht leisten können, sowie gegenüber Konsumignoranten ab, die sich keine Gedanken über Herkunft, Zusammensetzung und Auswirkungen von Produkten machen. Andererseits distanzieren sie sich aber auch von Luxuskonsumenten, die ihr Geld gerne zeigen, indem sie maßlos kaufen und sich dabei um Werte wie Nachhaltigkeit nicht scheren; sie machen aus den egoistischen Motivationen für ihren Konsum keinen Hehl, es geht ihnen um Status, Spaß, Abenteuer.

Sie repräsentieren einen Geldadel, und auf der anderen Seite hat man es mit einem Konsumproletariat zu tun. Die von beiden Schichten sich distanzierenden Moralkonsumenten könnte man daher auch als Konsumbürger bezeichnen – und diesen Begriff in atmosphärischer Nähe zu dem des Bildungsbürgers verstehen.[121] So neigten auch die Bildungsbürger in den fast zwei Jahrhunderten, in denen sie stark waren, immer wieder dazu, sich als bessere Menschen zu fühlen. Dank ihrer Beschäftigung mit den Künsten schienen sie nämlich in direkter Tuchfühlung nicht nur mit dem Schönen, sondern vor allem mit dem Wahren und Guten zu stehen. Ihr Dünkel galt ebenfalls sowohl einer Schicht unter ihnen, die sie als ungebildet und derb empfanden, als auch einer Schicht über ihnen, dem Adel, den sie der Oberflächlichkeit und des Banausentums bezichtigten. Beiden warfen sie vor, amusisch zu sein; Bildung und Kunstsinnigkeit wurde von ihnen ähnlich zum Kult erhoben wie von ihren konsumbürgerlichen Nachfahren das gute Gewissen.

Bildungsbürger sorgten für eine Moralisierung von Wissen und Kennerschaft, so dass nicht nur als intellektuell, sondern auch als moralisch zweifelhaft galt, wer kein hochkulturelles Engagement an den Tag legte. Heute ist dagegen, wie der Kulturwissenschaftler Nico Stehr formuliert, eine »Moralisierung der Märkte« zu beobachten. Darin komme eine »Annäherung der angeblich strikt voneinander getrennten sozialen Rollen des Konsumenten und des Bürgers« zum Ausdruck.[122] Das Selbstverständnis der Konsumbürger besteht also darin, so viele Kaufakte wie möglich aus moralisch-politischer Perspektive zu betrachten. Dabei lassen sich einige auch nicht nur von den Slogans auf den Produktverpackungen leiten; vielmehr sind sie aktiv, insofern sie Nachfragen bei Unternehmen stellen, Webportale für Testberichte oder Kampagnen nutzen oder sich mit einzelnen Märkten genau beschäftigen.[123]

Auch die US-amerikanische Kulturwissenschaftlerin Lizabeth Cohen spricht davon, dass sich in der Wohlstandsperiode nach dem Zweiten Weltkrieg das Ideal des »purchaser as citizen«, also des Konsumenten als Bürger entwickelt habe.[124] Er unterscheidet sich darin von anderen, dass er Konsum nicht als Bedürfnisbefriedigung – weder als Notdurft noch als Luxus – ansieht, sondern als Möglichkeit begreift, Präferenzen hinsichtlich bestimmter Werte durchzusetzen und sich so als Person mit moralischem Bewusstsein zu behaupten. Wer diese konsumbürgerliche Einstellung nicht entwickelt hat, muss hingegen damit rechnen, generell Wertbewusstsein, Urteilskraft und Kennerschaft abgesprochen zu bekommen und, als Konsumbanause, zu einer geradezu asozialen Person erklärt zu werden.

Doch können die gewissensstolzen Konsumbürger kaum froh über die Folgen ihres rigoros-selbstgerechten Distanzierungsverhaltens sein. Sofern sie nämlich zur Verscharfung sozialer Differenzen beitragen, ist unwahrscheinlich, dass sich bewusster Konsum nach und nach gesamtgesellschaftlich durchsetzt. Statt zu Pionieren einer Veränderung der Konsumgewohnheiten zu werden, provozieren die Konsumbürger mit ihrer Fixierung auf das gute Gewissen vielmehr Gegenbewegungen. Wer sich fortwährend zurückgesetzt und zum Menschen zweiter Klasse degradiert fühlt, wird schließlich mit Unmut reagieren, Ressentiments entwickeln und sich mit eigenem Klassenbewusstsein ausstatten. Konsumproletarier werden darauf verfallen, gerade jene Produkte und Verhaltensweisen gut zu finden, die Konsumbürger wegen ökologischer oder sozialer Defizite am lautesten anklagen. Sie werden die um sich greifenden Rauchverbote genauso als gegen sich gerichtet interpretieren wie Überlegungen, die Höhe der Krankenkassenbeiträge von Ernährungsgewohnheiten abhängig zu machen. Und sie werden sich für die Marken interessieren, die von Gewissensbürgern zu Symbolen des Bösen gebrandmarkt wurden.

Einige Marken scheinen ihr schlechtes Image bereits zu akzeptieren. Oder, anders als *McDonald's*, tun sie zumindest nichts dagegen. Vielmehr haben sie erkannt, dass ihnen neue Sympathie entgegengebracht wird, wenn die Verwalter des guten Gewissens zu aufdringlich gegen sie agitieren. Sie können sich dann als Underdog in Szene setzen und viele Menschen ansprechen, die selbst unterprivilegiert sind und vom sozialen Aufstieg träumen. Im Kontrast zu konsumbürgerlicher Moralisierung wirkt es sogar authentisch, wenn eine Marke mit schlechtem Image selbstbewusst auftritt.

Der Slogan von *Nike* – »Just do it« – gewinnt an Brisanz, wenn man ihn als antibürgerliche Absage an zu viel Rück- und Vorsicht hört, zugleich als Appell, bedingungslos, also auch skrupellos, Erfolg zu suchen. Und wenn sich *Nike* für Kinder in der Dritten Welt engagiert, ist das nicht etwa eine Geste besonderer Humanität und damit Anpassung an ein Moral-Publikum, sondern stellt ein weiteres Signal gegenüber Unterprivilegierten dar, sich mit der Marke zu identifizieren. Jede weitere Kritik an der Marke kommt ihr dann sogar gelegen, bestätigt sie doch das Feindbild ihrer Anhänger. Daher dürfte die Konsumbürgerin Naomi Klein *Nike* sehr genützt haben, als sie die Marke in *No Logo!* durchgängig zu einem der ganz großen Bösewichte stilisierte: Wer immer die Zeigefinger von Klein und ihren vielen Anhängern und Nachfolgern zu arrogant erhoben findet, wird dazu tendieren, *Nike* seine Solidarität zu erklären.

Tatsächlich hat *Nike* sich sogar darum bemüht, Vorwürfe gegen die Marke noch eigens zu forcieren. So wollte man 1999 den US-amerikanischen Verbraucheranwalt, Moralisten und Proto-Konsumbürger Ralph Nader dafür gewinnen, in einem Werbespot aufzutreten, um dort einen Turnschuh mit den Worten vorzustellen: »Ein weiterer schamloser Versuch von Nike, Schuhe zu verkaufen.«[125] Damit sollte Naders Image beschmutzt werden, der unabhängig vom Inhalt des Spots korrumpiert erschienen wäre, weil er Geld dafür bekommen hätte, vor allem aber wollte *Nike* als besonders cool dastehen: gleichgültig gegenüber den moralisierenden Vorwürfen sensibler und meist ziemlich wohlhabender Konsumbürger.

In noch stärkerem Gegensatz zum bürgerlichen Ethos stehen die Konsumwelten einiger Teile der Pop-Welt und vor allem der Rapper. Selbst oft aus untersten sozialen Schichten stammend, feiern sie ihre Erfolge mit eigenen Produktlinien – Kleidung, Schmuck, Parfüm –, die als Bekenntnisse zum Materialismus in Szene gesetzt sind. Statt dem eigenen Wohlstand mit Gewissenszweifeln zu begegnen, wenden sie sich gegen den Gewissenskult und die Schuldgefühle des gehobenen Konsumbürgertums, dessen Vertreter zum größten Teil nie um etwas kämpfen mussten. Rihanna nennt eines ihrer Alben *Unapologetic*, so als gäbe es nichts zu entschuldigen, und ein Parfüm von P. Diddy, mit seinem Modelabel *Sean John* auf den Markt gebracht, hört auf den Namen *Unforgivable*, also ›unverzeihlich‹. Sein Stifter sieht darin »kompromisslose Stärke« ausgedrückt,[126] und seiner Kundschaft will er signalisieren, dass es am besten ist, hart aufzutreten – also nach bürgerlichen Maßstäben durchaus schuldig zu werden. Gutes Gewissen ist hingegen etwas für Verwöhnte. Um Mitgefühl und Sanftmut zu zeigen, ist die Welt aus der Sicht eines Rappers nämlich zu schlecht: »Man muss doch jeden Tag gegen jemanden in die Schlacht ziehen«, so fasst P. Diddy seine Lebenserfahrung zusammen.[127] Daher sieht er auch »keinen Widerspruch darin, seine nach einem schwarzen Boxer und Rebellen getaufte ›Jack Johnson‹-Kollektion von unterbezahlten Arbeitern in Asien fertigen zu lassen«.[128]

Aber auch beim arrivierten Geldadel, dessen Vertreter gelassener auf abschätzige Bemerkungen von Seiten der Gewissensbürger reagieren können als die unter Statusproblemen leidenden sozial Schwachen oder die Aufsteiger, provoziert man gerne mit Gesten demonstrativer Gewissenlosigkeit. So wurde etwa 2002 ein Investmentfonds gegründet, der unter dem Namen *Vice Fund* – also: Laster-Fonds – nur Wertpapiere von Unternehmen aus Branchen von der Zigaretten- bis zur Rüstungsindustrie enthält, die als gesundheitsschädlich oder unmoralisch gelten. In diesen Fonds zu investieren heißt, Renditeerwartung eindeutig über Gewissensfragen zu stellen. Oder man kauft sich einen Pelzmantel, Diamanten aus Südafrika, einen SUV – und genießt es, zu wissen, wie viele sensible Moralisten sich darüber empören.

Das Engagement des Konsumbürgertums löst somit Rebound-Effekte aus, zeitigt also Wirkungen, die den eigentlichen Zielen entgegenstehen. Sosehr seit einigen Jahren einerseits die Aufmerksamkeit auf Themen wie den Klimaschutz, den Ressourcenverbrauch oder die Arbeitsbedingungen in Billiglohnländern gelenkt wird, so oft bekommen diese Themen in der engen Koppelung an das gute Gewissen den Charakter einer Statusfrage. Und dadurch erhalten sie für Menschen anderer Milieus eine negative Konnotation. Sie verweigern sich den damit assoziierten Werten und finden im Gegenteil das Unsensible, Ungesunde, Schmutzige, Maßlose umso spannender und erstrebenswerter. In der gesellschaftlichen Gesamtbilanz ist dann – aus einer Sicht von Umweltschutz und Nachhaltigkeit – gar nichts gewonnen; die Chance, ökologische und soziale Standards zu heben, droht versäumt zu werden.

Etliche Marken nutzen mittlerweile bereits die Räume, die ihnen die Moralkonsumenten – unfreiwillig – eröffnet haben, und üben sich in Bekenntnissen zum Frivolen. So ist auf einer Anzeige für einen Sportwagen von *Lancia*, in sündigem Rot auf diabolisch-schwarzem Grund, fettgedruckt das Wort ›BÖSE‹ zu lesen. Das Auto, aus Untersicht aufgenommen, wirkt bedrohlich, der funkelnde Kühler und die Felgen lassen es noch kampfeslustiger erscheinen. »Für alle, die an das Gute glauben, aber wissen, dass das Böse viel mehr Freude macht« – steht im Text unter dem Bild. Bezeichnend ist aber vor allem ein Detail der Anzeige: Über dem Auto hängt ein Käfig, darin steht eine nackte, verschämt wirkende Figur mit großen weißen Flügeln, die allerdings schon etwas gerupft sind. Wer, wenn nicht der durch sein gutes Gewissen in einen Engel verwandelte Kon-

sumbürger sollte hier gefangen genommen sein und gepiesackt werden? Damit ist eindeutig, dass die Inszenierung des Autos in Reaktion auf das penetrante Gewissens-Marketing der LOHAS-Produkte betrieben wurde. Selten wurde ein Rebound-Effekt augenfälliger als hier.

Doch auch bei den Gewissenskonsumenten selbst sind Rebound-Effekte wahrscheinlich. Gerade weil es so leicht ist, viel gutes Gewissen zu erwerben, kann der Eindruck entstehen, zwischendurch sei ein wenig Sünde erlaubt. Wer üblicherweise darauf achtet, sich gesund zu ernähren, umweltsensibel zu sein und auf Produkte zu verzichten, bei denen Kinderarbeit oder Tierversuche im Spiel sein könnten, wird gelegentlich wohl auch die Lust verspüren, ein bisschen sorglos zu sein und etwas Billiges, Schlechtes, Unkorrektes zu konsumieren. Die Pastelltöne und Weichzeichnungen der Welt guten Gewissens wecken die Neugier auf knallige Farben und aufreizende Formen. Und hat man nicht, da man doch sonst tagtäglich gutes Gewissen kumuliert, ein üppiges Polster, das es erlaubt, ab und zu über die

Stränge zu schlagen? Da das gute Gewissen jedoch zu wohlfeil erworben ist, ist jenes Polster gar nicht so groß, man überschätzt sein Guthaben und richtet mit seinen Sünden schlimmstenfalls mehr Schaden an, als man mit verantwortungsbewusstem Konsum wieder kompensiert.

Umgekehrt bietet das Gewissens-Marketing denjenigen, die die meiste Zeit ziemlich gedankenlos konsumieren, eine bequeme Möglichkeit, etwas gegen Attacken schlechten Gewissens zu tun. Wer kurzfristig beunruhigt ist, kann sich sofort wieder entlasten und damit einem längeren Nachdenken aus dem Weg gehen. Hier kehrt das Prinzip des Ablasshandels wieder: Jeder Konsum, der nachträglich schlechte Gefühle bereitet, lässt sich ausgleichen, indem man zwischendurch in einen Bio-Supermarkt oder Eine-Welt-Laden geht. Wer gerne schnell Auto fährt, am liebsten Steaks isst und sich mit *Unforgivable* besprüht, kann wieder unschuldig werden mit einem Möbelstück aus recycelbaren Naturmaterialien, Fair-Trade-Kaffee und einem Smoothie von *Innocent*. Und wer für ein paar Stunden aus Alltag und Verantwortung ausgestiegen ist, nachdem er mit dem Gel *Vice* von *Axe* geduscht hat, kann mit einem Produkt von *Body Shop* wieder seriös werden und sich resozialisieren. Auf diese Weise etabliert sich bei Konsumenten ein Schuld-Sühne-System, bei dem schlechtes Konsumverhalten durch gutes heilbar erscheint, eine verantwortungsvolle Kaufentscheidung aber auch als Lizenz für eine leichtfertige fungiert oder sogar Lust darauf macht.

Sollte konsumbürgerlicher Dünkel durch Gewissens-Ablasshandel weiter reich genährt werden, drohen aber nicht nur Rebound-Effekte; vielmehr entstünde auch ein gesellschaftliches Klima, in dem eine neue, paraprotestantische Bewegung Zulauf erhalten könnte. Wie schon Martin Luther und seine Mitstreiter auf soziale Ungleichheiten reagierten und ihr religiöses Programm nicht zuletzt als gesellschaftspolitische Entlastungsmaßnahme begriffen, könnten erneut Stimmen laut werden, die dagegen vorgehen, Seelenheil wie eine Ware zu behandeln. Während im Protestantismus alle Handelsbeziehungen zwischen Gott und Menschen für unmöglich erklärt wurden, um – dank des Prinzips ›sola gratia‹ – eine Gleichheit in Heilsfragen wiederherzustellen, könnte es einem Konsumprotestantismus gelingen, dass es künftig als absurd, anmaßend, obszön empfunden wird, von einzelnen Produkten Seelenheil nur deshalb zu erwarten, weil man dafür gezahlt hat.

Noch schärfer als linke Konsumkritiker würden seine Vertreter Produkte nicht nur als Quelle von Manipulation und Ausbeutung verurteilen, sondern beklagen, wie durch sie bestehende Ungleichheiten verstärkt werden. Dass es enorme Einkommensunterschiede zwischen verschiedenen Berufen gibt, würde dann auf einmal sogar als weniger problematisch angesehen werden als die Differenzen im Konsumverhalten. Und wenn bisher meist von den Verteidigern des Konsums hervorgehoben wurde, wie viel dieser zur Identitätsbildung der Individuen beiträgt, werden seine Kritiker nun die Kehrseite davon zum Thema machen. Sie werden darauf hinweisen, dass durch Konsum auch negative Eigenschaften – wie Dünkel und Intoleranz – begünstigt werden, er aber genauso demotivieren, verunsichern, gar zu Depressionen führen kann. Und so werden fanatisierte Konsumprotestanten vielleicht sogar Drogeriemärkte und Kühlregale stürmen und alle Produkte zerstören, deren moralisierendes Design zu einer weiteren Ausprägung von Klassenunterschieden beiträgt und gesellschaftlichen Unfrieden fördert.

Während ein Konsumprotestant und Markenstürmer wie Neil Boorman sich von den Götzen befreien wollte, die ihn in eine psychische und ökonomische Abhängigkeit trieben, wären künftige Konsumoklasten gegen jegliche Kommerzialisierung von Sinn und Moral. Für sie ist alles Ideelle zu wichtig, um den Zugang dazu von den finanziellen Möglichkeiten des Einzelnen abhängig zu machen, und so werden sie darauf dringen, Produkte wieder ganz auf ihren ursprünglichen Gebrauchswert zu reduzieren und von allen zusätzlichen Verheißungen freizuhalten. Sie sollen keine Chance dafür bieten, dass sich einzelne Milieus von anderen absetzen, und sie sollen sich nicht länger als Statussymbole eignen und zu einer Aufspaltung der Gesellschaft beitragen.

Je nachdem, wie viel politische Macht die künftigen Konsumfeinde erlangen, und abhängig davon, wie ressentimentgeleitet ihr Verhalten sein wird, könnten sie weitgehend zunichtemachen, was sich an Konsumkultur über die letzten Generationen hinweg entwickelt hat. Bedenkt man, welche sozialen und therapeutischen Leistungen Konsumprodukte damit erbringen, dass sie mehr als einen Gebrauchswert erfüllen, ja erkennt man an, wie sehr sie eine ordnende und interpretierende Funktion besitzen, erschiene die Dominanz einer solchen antibürgerlichen Konsumfeindschaft als Zivilisationsbruch. Insofern sollten die Konsumbürger vorsichtiger sein als bisher. Sie sollten beachten, dass Konsumprodukte nicht nur ihnen starke Gefühle, wie beispielsweise ein gutes Gewissen, bescheren können, sondern dass sie insgesamt wirkungsmächtig genug sind, um zum Auslöser und Gegenstand der nächsten revolutionären Erregung zu werden.

nutella
2.79
NON STOP!

VIII Konsumpoesie

Neben dem politischen gibt es den ästhetischen Konsumbürger. Und wiederum bestehen Analogien zu traditionellen Bildungsbürgern. So setzten diese sich nicht nur häufig für Freiheitsrechte und demokratische – antifeudale – Verhältnisse ein, sondern reflektierten und überhöhten ihr Leben gerne auch durch eine Beschäftigung mit den Künsten. Gefühlsleben und Welterfahrung wurden bei ihnen wesentlich durch Gedichte und Theaterstücke, Kammermusik oder Bildwerke geprägt; sie halfen dabei, vieles zu vergegenwärtigen oder intensiver zu erleben, lieferten zugleich aber Muster dafür, dieser Intensität selbst wieder Ausdruck zu verleihen. Statt die verschiedenen Formen der Hochkultur nämlich nur zu rezipieren, versuchten viele Bildungsbürger auch, sie sich praktisch anzueignen. Man dichtete, zeichnete und aquarellierte, musizierte und ging kunsthandwerklichen Tätigkeiten nach. Als Vorbilder fungierten jeweils die Werke der großen Meister; sich ihnen anzunähern steigerte das bildungsbürgerliche Selbstbewusstsein.[129]

Wer etwa Natur sentimental oder feierlich erfahren wollte, bereitete sich also mit einem Gedichtband darauf vor, um nach dem Erlebnis von Meer, Bergen und Sonnenuntergängen seinerseits zur Feder zu greifen und Verse zu schreiben. Eine vergleichbare Funktion erfüllen heutzutage Konsumprodukte. Sie eignen sich dazu, einzelne Situationen oder Tätigkeiten durch ihr Design bewusst erlebbar zu machen und zu verstärken, und gerade dadurch entsteht das Bedürfnis, das Erlebte auch mitzuteilen oder in eine eigens gestaltete Form zu bringen. Die inneren Bilder, die ein Produkt weckt, die Interpretationen, die es vornimmt, wollen weiterverfolgt und ausgelebt werden. Dabei geht es einerseits darum, anderen vorzuführen, was einem wichtig ist, andererseits lassen sich die eigenen Gefühle in der Gestaltung klären und konzentrieren. Nicht zuletzt will man Dankbarkeit gegenüber den Produkten oder Marken zum Ausdruck bringen, die emotionale Momente bereiten und durch das Leben führen. Und schließlich genießt auch der Laie gern das Gefühl, Testimonial für eine Marke sein zu können, indem er sich auf originelle Weise dazu äußert.

Die meisten gestaltungsfreudigen Konsumenten finden sich heute im Internet. Interaktive Foren des Web 2.0 entsprechen den Vereinen der Bildungsbürger, wie sie vor allem im 19. Jahrhundert blühten. Sie sind voll von Dokumenten, in denen diskutiert und fortgesponnen wird, was Konsumprodukte an Impulsen geben. Neben den Foren, auf denen Konsumenten ihre Erlebnisse und Empfindungen in Testberichten niederlegen – und dabei häufig nur verdoppeln, was in Design, Werbung und Marketing schon vorformuliert wurde –, sind seit einigen Jahren auch Bildportale zu einem wichtigen Ort des Austauschs von Konsumerfahrungen geworden. Auf Seiten wie *flickr* und *deviantart* laden die User Bilder hoch, auf denen sie ihre Produkte inszenieren. Kommerzielle Absichten verfolgen sie dabei im Allgemeinen nicht. Was dem Bildungsbürger ein Sonett oder Landschaftsaquarell war, ist dem Konsumbürger vielmehr eine Fotoserie, deren Sujets er gerne noch mit Erläuterungen versieht. Andere User können die Bilder dann kommentieren oder mit Bildvarianten darauf antworten. Man bestätigt und motiviert sich gegenseitig, nach und nach konstituieren sich eigene Formen und Standards der Darstellung von Produkterfahrungen. Es handelt sich hierbei um eine neue Spielart von Dilettantenkultur, doch gelingt es einzelnen Akteuren, eigenständige Konzepte zu entwickeln. Sie leisten mehr, als nur das Image weiter auszuführen, das ein Produkt ohnehin schon besitzt.

Nachdem die US-amerikanische Grafikdesignerin Kate Bingaman-Burt im Jahr 2002 damit begonnen hatte, all ihre Einkäufe zu fotografieren, ging sie 2006 dazu über, jeden Tag mindestens ein von ihr erworbenes Produkt abzuzeichnen. 2010 dokumentierte sie ihr Projekt unter dem Titel *Obsessive Consumption* in einem Buch, das mehrere Hundert dieser täglichen Zeichnungen enthält. Sie sind streng linear angelegt, geben also weder die spezifische Materialität noch das Volumen eines Produkts wieder. Dafür sind Aufschriften ziemlich vollständig notiert; außerdem vermerkt Bingaman-Burt immer den Betrag, den sie zu zahlen hatte. Gelegentlich fügt sie einen persönlichen Kommentar an, der verrät, dass es sich bei ihr um eine ebenso kritische wie ironische Konsumentin handelt. Im Vorwort des Buchs führt Bingaman-Burt aus, wie stark Konsum für sie immer schon emotional besetzt gewesen sei; die Frauen in ihrer Familie besprächen ihre wichtigen Themen auch nicht am Küchentisch, sondern beim Einkaufen. Auf diese Weise habe sie erst gelernt, sich verbal auszutauschen.[130]

Ihre Zeichnungen verkauft Bingaman-Burt über eine eigene Website[131] (jedes Blatt kostet $ 25.–), viele ihrer Kunden schicken daraufhin begeisterte Rückmeldungen. Ihnen gefällt, wie alltägliche Produkte durch das Zeichnen reduziert und geradezu karikaturhaft pointiert werden. Das erscheint als souveräne Form der Aneignung, frei davon, einem effektvollen Produktdesign verfallen zu sein. Außerdem beeindruckt das Ritual, das Bingaman-Burt geschaffen hat: Sich nach einem Einkauf hinzusetzen und das frisch Erworbene abzuzeichnen, bevor es verwendet wird, ist ein Akt der Prüfung und Vergewisserung. Nur was von Auge und Hand der Zeichnerin bewusst erfasst wird, darf im Haushalt eine Rolle spielen. So viel Strenge widerspricht dem Vorurteil, die Konsumgesellschaft sei flüchtig und oberflächlich. Im Gegenteil macht Bingaman-Burts Projekt deutlich, dass man alltäglichen Produkten mit derselben Sorgfalt begegnen kann wie ein Archäologe seinen Funden oder ein Geologe einer Gesteinsformation. In beider Tätigkeit ist das Zeichnen bis heute ebenfalls eine wichtige Praktik geblieben – allein schon um sicherzugehen, dass man wirklich alles beachtet, was das jeweilige Objekt bietet.

Doch in den meisten Fällen drücken sich gestaltungsfreudige Konsumenten in Fotografien aus. Viele Bilder könnte man dabei als Indikator für die Qualität einer Produktinszenierung begreifen: An ihnen wird deutlich, auf welche Resonanz eine Marketingstrategie stößt und welche Motive eines Images Konsumenten beeindrucken. So finden sich etwa immer wieder Fotos, auf denen die metaphorische Überhöhung von Mineralwasser zu einem alkoholischen Getränk aufgegriffen wird. Der hohe Preis einzelner Marken stimuliert zu edlen, aufwendigen, exzentrischen Inszenierungen, während

andere Inszenierungen davon zeugen, dass Mineralwasser als naturnahes – gesundes, reines – Lebensmittel begriffen wird. Konsumenten fotografieren Wasserflaschen etwa gerne am Ufer eines Strandes oder auf einem Berggipfel. Das Naturerlebnis wird durch die Präsenz des Mineralwassers für sie beglaubigt, und ein Sonnenuntergang gerät zu einem noch größeren Ereignis, wenn er durch eine Wasserflasche hindurch wahrgenommen wird. Wieder andere Fotos folgen dem Marketing insofern, als sie Wasser wie einen Energy-Drink präsentieren. Es ist dann in explosiven Formationen abgebildet oder zu Licht geworden. Einige User zeigen sich auch selbst im Moment der Höchstleistung, den sie einem Mineralwasser verdanken – und kommentieren den Augenblick zusätzlich mit expressionistischer Prosa. Ein fitnesshungriger Konsument gibt etwa damit an, »acht Tage in der Woche« (»8 days a week«) zu trainieren und dabei fünf Schweißbänder anzulegen. Er leiste so viel, dass er vier Gallonen – also rund fünfzehn Liter – Wasser benötige, dann aber voller Power sei.[132]

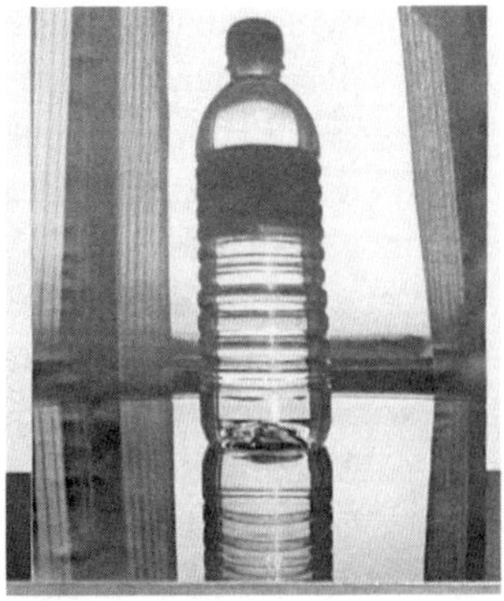

Die Millionen von Fotos, auf denen Konsumenten sich und ihre Produkte vorführen, verändern Funktion und Status der Marktforschung. Statt Probanden in Interviews über ihre Wünsche und Assoziationen zu befragen, wird man künftig eher darauf achten, wie Konsumenten von sich aus ihr Verhältnis zu einzelnen Produkten oder ganzen Marken darstellen. Und sosehr sich der Erfolg einzelner Kampagnen an den Gestaltungen aktiver Konsumenten ablesen lassen wird, so sehr werden diese Produktdesignern, Werbeagenturen und Marketingmanagern zugleich neue Ideen für Motive, Effekte, Ikonographien und Zusammenhänge liefern. Stärker als je zuvor ist der Konsument dann nicht nur Adressat, sondern ebenso Urheber der Warenästhetik. In einer Kultur selbstbewussten Konsumbürgertums ist, zumindest was den Fiktionswert der Dinge anbelangt, nicht mehr strikt zwischen Produzenten und Konsumenten zu unterscheiden.

Allerdings ist dies häufig auch Zeichen mangelnden Einfallsreichtums auf beiden Seiten: Die Konsumenten wiederholen Effekte und Ikonographien, die sie bereits im Zuge einer Produktinszenierung wahrgenommen haben, und umgekehrt greifen die Produzenten von ihren Kunden bevorzugt auf, was in ihr Bild passt und ihre bisherige Arbeit bestätigt. Dadurch verfestigen sich Inszenierungsformen, erleben aber immerhin eine Differenzierung, die kaum möglich wäre, arbeitete nur eine einzelne Agentur an der Ausbildung eines Images.

Viele Fotos, die Käufer von ihren *Moleskine*-Notizheften ins Netz stellen, sind gegenüber dem bereits bestehenden Markenbild variantenreich tautologisch. Die starke Identifizierung der

Käufer mit dem Produkt zeigt sich schon daran, dass mehr als 17.700 User[133] auf *flickr* zu einer Gruppe unter dem Titel *Moleskinerie* zusammengeschlossen sind.[134] Sie veröffentlichen entweder einzelne Seiten ihrer Notizbücher oder arrangieren diese innerhalb von Stillleben. Ungewöhnlich für eine Gruppe im Web 2.0 ist dabei das Gebot, die Fotos nicht digital nachzubearbeiten. Das zeugt von einer antimodernistischen Haltung, die erst recht auf vielen der Fotos sichtbar wird. Auf ihnen ist alles Neue verbannt, manchmal werden sogar alte Lebensformen nachgestellt. So entsteht etwa die Anmutung eines klösterlichen Lebens, das *Moleskine*-Buch liegt dann neben einem Rosenkranz auf einer Truhe. Und auf der Seite, auf der es aufgeschlagen ist, sieht man ein gezeichnetes Kreuz. Derselbe User macht auch sonst am liebsten Fotos mit Motiven, die zu einer ›vita contemplativa‹ – einem entspannt-reflektierenden Leben – gehören.

Fotos anderer User von *Moleskinerie* wirken wie Standbilder aus einem Historienfilm. Da wird mit Feder und Tinte geschrieben, und auch die Bilder selbst sind teilweise antiquierend gestaltet: in Schwarz-Weiß oder Sepiatönung. Besonders beliebt als Motiv neben dem *Moleskine*-Buch ist eine Kerze oder eine Tee- oder Kaffeetasse. Auch diese Accessoires stehen für eine ›vita contemplativa‹, in ihnen drückt sich zugleich eine Sehnsucht nach Wärme und Geborgenheit aus. Das steht im Kontrast zu der Kälte, die dem modernen Leben unterstellt wird. Und so lässt sich eine antimoderne Gesinnung

bis in die Bildkompositionen verfolgen.

Wie verbindlich und normativ der Plot ist, den die Marke für ihre Produkte aufgebaut hat, zeigt sich daran, dass einzelne User darum bemüht sind, das perfekte *Moleskine*-Foto zu machen. So probierte eine Userin aus Südkorea über zwei Jahre hinweg immer wieder mit ähnlichen Inszenierungen, ihr ›*Moleskine*-Gefühl‹ auf den Punkt zu bringen. Nach rund fünfzig Versuchen gelang ihr im Januar 2010 ein Foto, das in mehreren hundert Kommentaren anderer User besonders gelobt wird und so als Essenz jenes Gefühls erscheint.[135] Tatsächlich machte sie fortan keine weiteren Fotos zum selben Thema mehr, hatte also offenbar selbst den Eindruck, ihr Ziel erreicht zu haben. Auch hier wird dank eines unscharfen Hintergrunds alles ausgeblendet, was Teil der modernen Alltagswelt ist und ablenken könnte. Die Spiegelung des Notizbuchs auf der Tischplatte erinnert an eine klassische bildliche Lösung, wonach ein Spiegel für Reflexion und Nachdenken steht. Sich zu spiegeln heißt auch, bei sich zu bleiben – nicht entfremdet zu sein. Dass die Blätter des Notizbuchs eine Wellenlinie ergeben, ist ebenfalls ein bewährtes Stilmittel, nämlich die seit William Hogarth Mitte des 18. Jahrhunderts sogenannte ›Line of Beauty and Grace‹. Hogarth erklärt diese Linie insofern für perfekt, als sie absolute Freiheit verkörpere; sie sei in ihrem Verlauf von nichts Äußerem gestört, zugleich aber so sanft und elegant, dass sie umgekehrt nichts anderes stören könne.[136] Das passt zum Image von *Moleskine*, das Freiheit, Autonomie, Kreativität verheißt.

Gerade weil die Userin aus Südkorea keine neue Geschichte über *Moleskine*-Bücher erzählt, ist sie für das Unternehmen hilfreich. Angesichts eines solchen Fotos kann es sein eigenes Produkt besser verstehen und daraufhin pointierter in Szene setzen. Dank der ästhetischen Sensibilität überzeugter Kunden erhält eine Markenkampagne also nicht nur eine Legitimation, sondern wird sogar erst vollendet. Vielleicht gilt es künftig als selbstverständlich, dass das Image eines Produkts stärker von dessen Konsumenten als von den Produzenten geschaffen wird.

Sofern es dabei nicht nur um ästhetische Details, sondern um Bekenntnisse zu bestimmten Werten geht, werden Unternehmen jedoch auch zu steuern versuchen, wer ihre Kunden sind, ja genau überlegen, wem sie zutrauen und erlauben, das eigene Markenimage in der gewünschten Weise mitzuentwickeln. So erregte das Modelabel *Abercrombie & Fitch* 2011 Aufsehen, als es dem Star einer *MTV*-Reality-Show eine wohl erhebliche Summe dafür anbot, nicht länger mit Produkten der eigenen Marke aufzutreten. Zwar mochte der TV-Promi körperlich den strengen Idealen des Unternehmens entsprechen, das sich bevorzugt an Männer mit gut trainiertem Sixpack richtet, doch sein zotig-präpotentes Verhalten drohte die Makellosigkeit zu kontaminieren, die man als besonders wichtig für das eigene Image ansieht.[137]

Je gängiger und leichter es für die Konsumenten vor allem dank des Internets wird, ihre Einstellungen und Emotionen öffentlich zu machen, desto unangemessener erscheint es aber auch, wenn ein Unternehmen weiterhin danach strebt, ein Monopol auf die Deutung seiner eigenen Produkte und Markenimages zu behaupten. Erfolgversprechend ist es hingegen, wenn Produzenten sich darum bemühen, kreative und gut vernetzte User für sich zu gewinnen, die passioniert ausschöpfen, was in einem Produkt angelegt ist. Praktikabel könnte es ferner sein, wenn Unternehmen in ästhetischen oder gesellschaftspolitischen Belangen überdurchschnittlich versierte Kunden – »Trend Receiver«[138] – enger an sich binden. Ähnlich wie externe Berater bringen sie dann ihre Fähigkeiten und Ideen für die Entwicklung des Markenimages ein. Dieselben Kunden können zudem, versorgt mit zusätzlichen Einblicken in das Unternehmen und seine Markenpolitik, als Multiplikatoren fungieren. Doch nur soweit ein Unternehmen die Kontrolle darüber aufgibt, wie genau ein Produkt dargestellt wird, kann das Image, das sich dann durch zahlreiche aktive Konsumenten konstituiert, auch an Glaubwürdigkeit gewinnen. Herkömmliche Werbung wird hingegen noch mehr an Stellenwert einbüßen, da sie im Vergleich steril und einseitig wirkt.

In manchen Fällen gehen Konsumenten mit ihren Inszenierungen bereits über das hinaus, was in der Selbstdarstellung einer Marke angelegt wurde. Sie verleihen deren Image damit eine Komplexität, die bis dahin so nicht existierte. Das geschieht am ehesten bei Produkten, die viele Menschen über längere Zeit hinweg, bestenfalls seit Kindertagen, begleiten und die daher auch mit starken emotionalen Erlebnissen im Gedächtnis verankert sind.

Ein Produkt dieses Typs ist *Nutella*. Testberichte sind voll von Geschichten über das »braune Gold«,[139] das zur »Nervennahrung« verklärt[140] oder als Produkt gepriesen wird, »welches jeden Sonntag beim gemeinsamen Frühstück mit der Familie absolut nicht fehlen darf«.[141] Oder es wird erwähnt, dass allein schon beim »Geruch [...] jedes Mal Kindheitserinnerungen [...] hoch[kommen]«.[142] Tatsächlich nehmen nicht wenige Konsumenten ihren Bericht über *Nutella* zum Anlass, ihre gesamte Lebensgeschichte zu erzählen – von der Zeit, als sie mit Geschwistern um den Inhalt des Glases streiten mussten, über die Phase, als ihre Frau schwanger war und *Nutella*-Heißhunger verspürte, bis hin zu Krisenzeiten, in denen sie arbeitslos oder gar im Gefängnis waren. Das Produkt wird so zum zuverlässigen Lebensbegleiter, zum Fixpunkt inmitten einer unbeständigen und weitgehend feindlichen Welt.

Doch genauso ist *Nutella* Sujet auf Bildplattformen. Auf zahlreichen Fotos sind Metaphern gefunden, um die Relevanz des Produkts als Energiespritze und Dopingmittel auszudrücken, das Schwung ins Leben bringt oder sogar Levitationserlebnisse bereitet. Manchmal finden mehrere Konsumenten unabhängig voneinander ähnliche Bildmuster, um zu vermitteln, welche Bedeutung *Nutella* für sie hat. So zeichnete Timothée R. aus Metz im Januar 2008, damals sechsjährig, ein von fröhlich blühenden Blumen umgebenes *Nutella*-Glas, dem ein regenbogenfarbenes Fluidum entströmt; seine Eltern, die auf *flickr* alle Zeichnungen Timothées dokumentieren, schrieben stellvertretend für ihren Sohn, *Nutella* sei sein Freund und immer da, wenn er Trost brauche.[143] Rund zwei Jahre später stellte eine Userin ein Foto auf ihre *flickr*-Seite, auf dem man ein regenbogenfarbenes Herz sieht, das einem *Nutella*-Glas entweicht. Werden dem Produkt hier geradezu übersinnliche Kräfte zugesprochen, die es zur Quelle von Wärme und Liebe machen, so führen andere Inszenierungen vor, wie gut sich *Nutella* als Talisman eignet, der vor Ängsten und Unsicherheiten schützt, zum Garant dafür wird, auch schwierige Situationen meistern zu können, oder an die Stelle einer Geburtstagstorte tritt, um ein Freundschaftsritual in einer neuen Variation zu zelebrieren.

Anderen Usern bietet *Nutella* Anlass und Legitimation für alberne, nicht selten sogar enthemmte Inszenierungen, mit denen Beschmutzungs- oder Kleckerphantasien ausgelebt werden. Paare beschmieren sich dann mit *Nutella*, oder es wird von

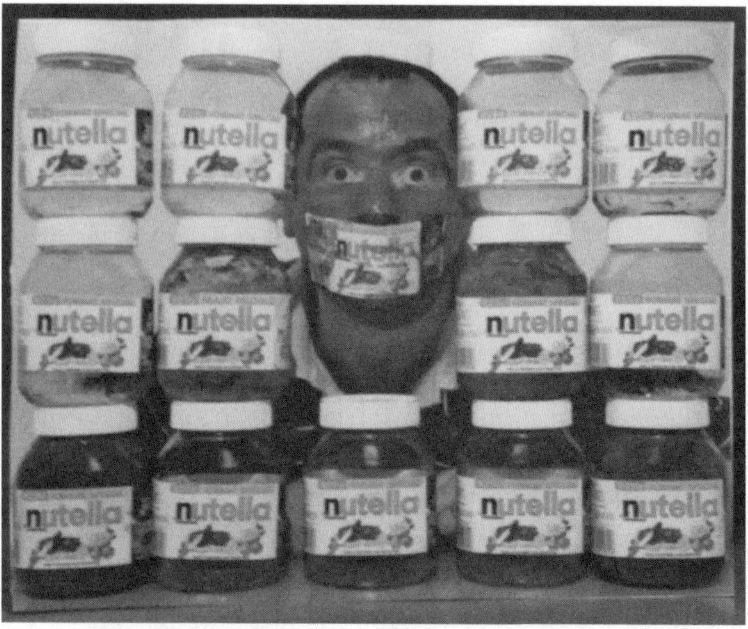

einer Toilettenbrille geschleckt. Für viele derartige Bilder wird großer Aufwand getrieben, und manches Setting ist so kompliziert, dass nicht gleich beim ersten Versuch alles geklappt haben dürfte. So hat ein User aus Frankreich eine Wand aus teils gefüllten, teils ausgeschleckten, teils gereinigten *Nutella*-Gläsern aufgeschichtet und sich selbst in die Mitte davon platziert, das Gesicht komplett mit *Nutella* eingerieben, zudem mit dem Etikett auf dem Mund und dem Deckel auf dem Kopf. Da derselbe User sonst ausschließlich unspezifische Bilder – konventionelle Landschaftsaufnahmen, Familienmotive, Kirchenbauten – online gestellt hat, fällt umso mehr auf, mit wie viel Identifikationslust dieses Foto entstanden sein muss.[144] Witzige Selbstkommentare und animierende Bemerkungen gegenüber den Betrachtern zeugen ebenfalls von prononcierter Ausgelassenheit, so als wollte sich jemand noch einmal in seine Kindheit zurückversetzen.

Allerdings könnte man dasselbe Foto auch als abgründige Offenbarung interpretieren. Ist nicht von starken Marken umstellt und regelrecht entmündigt sowie verdinglicht, wer sich auf solche Weise in Szene setzt? Und wird der Mensch hier nicht selbst zur Marke und Ware? Zu einem Objekt, so wie es Zygmunt Bauman in seinem Buch *Leben als Konsum* behauptet? Das Foto könnte also durchaus als Cover eines konsumkritischen Traktats fungieren; der engagierte und witzige User erscheint dann als Opfer einer aggressiven Marke: als unfreier, von Obsessionen gepeinigter Mensch.

Da Konsumenten, die ihre Empfindungen in Fotos fassen, immer wieder subtilere Ausdrucksformen finden als die Verfasser von Erfahrungsberichten, die sich kaum von der Sprache der Werbung lösen können, sollte man die Binsenweisheit ernst nehmen, wonach ein Bild mehr sagt als tausend Worte. In der Marktforschung gibt es schon seit etlichen Jahren Praktiken, bei denen die Probanden dazu gebracht werden, sich nicht in Worten, sondern in Bildern zu äußern. Auf diese Weise glaubt man, besser an ihr Unbewusstes heranzukommen: an Empfindungen, die sonst nicht eigens vergegenwärtigt werden, aber prägend für Habitus und Selbstverständnis des betreffenden Menschen sind.[145] Doch müssen wohl erst eigene Methoden entwickelt werden, damit sich auch die im Internet veröffentlichten Bilder differenziert genug erfassen lassen. Eine besondere Herausforderung besteht dabei darin, dass oft weniger ein Bild für sich allein als erst der Kontext, in dem es auftaucht, Rückschlüsse auf seinen Aussagegehalt zulässt.

Sofern dabei – wie im Fall des *Nutella*-Anhängers – komplizierte und problematische Verhältnisse zu einem Produkt zum Vorschein kommen, werden sich die Unternehmen entscheiden müssen: Nehmen sie das als Hinweis auf eventuelle Defizite in ihrer Leistung oder Selbstdarstellung? Oder akzeptieren sie, ein ambivalentes, etwas düsteres Image zu besitzen? Immerhin kann man einer Marke, die nur auf heile Welt setzt und sich rein kompensatorisch begreift, vorhalten, zu einfach gestaltet

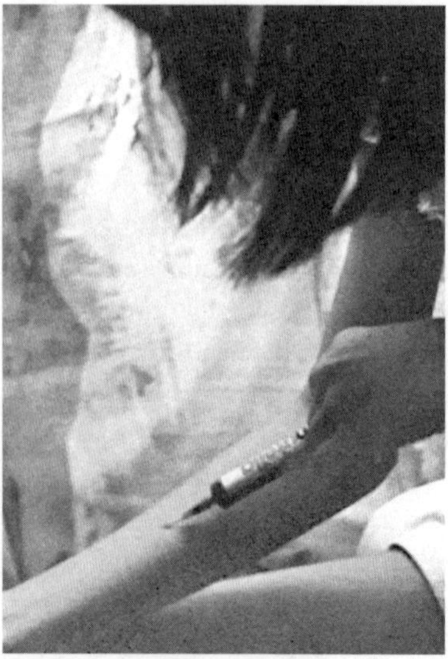

zu sein und auf einem trivial-kitschigen Niveau zu verharren. Und so wie zumindest anspruchsvollere Versionen von Literatur und Film ohne Konflikte, Dramen und Tragödien gar nicht vorstellbar sind, können einige Menschen sich vielleicht auch mit Marken besser identifizieren, die aus mehr als Verklärung und ›happy end‹ bestehen. Warum sollten künftig also nicht zumindest höherwertige Marken auf die komplexen Inszenierungen reagieren, die Konsumenten entwickeln? Und wieso sollten sie nicht genauso einzelne Probleme zu ihrer Sache erklären, wie sie bisher und sonst positiv konnotierte Gefühle und Situationen für sich besetzt haben?

Wenn man bei *Nutella* also etwa darauf aufmerksam wird, dass sich eine nicht unerhebliche Zahl an Kunden auf Bildern als gierig, abhängig und süchtig darstellt, könnte das Unternehmen damit beginnen, Geschichten von zu engen Produktbeziehungen zu sammeln und in der Werbung oder in Produktbeilagen eigens zu thematisieren. Darüber hinaus könnte es sich generell Suchtproblemen annehmen und Forschungsprojekte initiieren, Beratungsinstitutionen unterstützen, Aufklärungskampagnen starten. Das wäre zumindest eine glaubwürdige Antwort auf Fotos, die Kunden als Junkies zeigen, die sich *Nutella* spritzen. Dabei finden sich so extreme Beispiele, dass jemand in verzweifelter Pose, den Kopf zudem vom oberen Bildrand abgeschnitten, hinter einem Tisch zu sehen ist, vor sich die mit *Nutella* gefüllte Spritze. Daneben liegt ein stark verbogener Löffel, so wie Drogensüchtige ihn benutzen, aber auch als Hinweis darauf, mit wie viel Aggression die Atmosphäre aufgeladen ist.

Ein solches Foto ist jedoch ikonographisch vorbereitet von einem Bild, das *Nutella* selbst bei einem professionellen Werbefotografen in Auftrag gegeben hat und das 2006 erstmals veröffentlicht wurde. Zu sehen ist eine Frau an einem Tisch, der, abgesehen von einem *Nutella*-Glas am äußersten Rand, leer ist. Die Frau fixiert das Glas gebannt: als könnte davon eine Gefahr ausgehen. Und da ihr Mund mit *Nutella* beschmiert ist, erscheint das Glas umso mehr als aggressiver Gegner, dem sie vielleicht verfallen, sicher aber unterlegen ist. Als sei sie überwältigt, gar vergewaltigt worden, strahlt das Foto Kälte, Verlassenheit und Angst aus. Auch diese Frau erscheint somit als Opfer eines zu starken Produkts; Beistand hat sie keinen, wirkt ausgesetzt, ganz in ihrer schwierigen Produktbeziehung gefangen.

Allerdings lässt sich das Foto auch als ironische Inszenierung wahrnehmen. Ist der Blick der Frau nicht theatralisch-übertrieben, liegen ihre Hände nicht zu demonstrativ auf dem Tisch, um nicht eine karikaturhafte Zuspitzung unterstellen zu müssen? Wird hier also nicht die Verführungskraft des Produkts besonders markant anschaulich gemacht? Und geben die Hersteller von *Nutella* damit nicht auch zu, dass es ihnen ganz recht ist, wenn ihr Produkt als etwas gilt, das süchtig machen kann?

Vielleicht liegt es aber gerade an der Vieldeutigkeit der Übertreibung, dass dieses Werbefoto mehrfach nachgestellt wurde. Auf verschiedenen Bildplattformen finden sich Varianten davon, die ihrerseits meist sowohl als lustige Dramatisierung einer Produktbindung wie auch als unheimliches Outing einer Abhängigkeit interpretiert werden können. Immer stellen sich dabei Frauen in ihrer Beziehung zu *Nutella* dar: mal neckisch gekleidet, mal schwanger, in jedem Fall aber in voller Konzentration auf

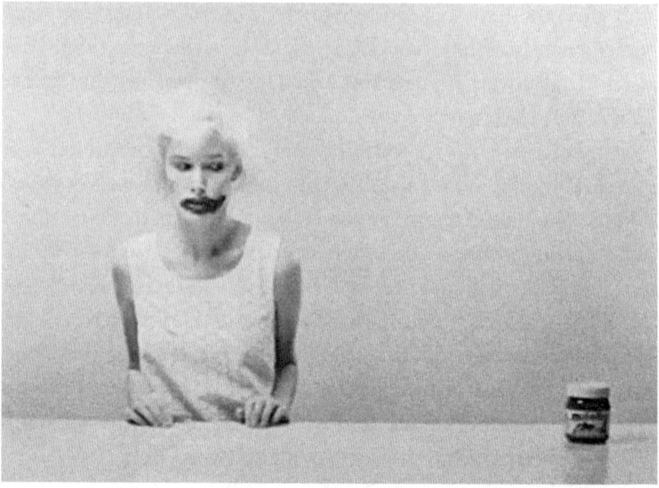

die Energien und Reize, die von dem gefüllten Glas ausgehen. Ihr Mund ist jedes Mal nusscremeverschmiert, was nicht notwendig eine Beschmutzung zu sein braucht. Es könnte genauso bedeuten, dass sich die Frauen von *Nutella* leidenschaftlich geküsst fühlen, Einsamkeit damit also besser ertragen können. Dann wäre das Produkt weniger Aggressor als Tröster, es hätte zumindest einige der Eigenschaften an sich, die manche Frauen sich von einem starken, leidenschaftlichen Mann erwarten.

Dieses Beispiel lässt sich als erfolgreicher Fall von viralem Marketing beurteilen, bei dem die Kommunikationsbedürfnisse kontaktfreudiger Internet-User genutzt werden. So kann es gelingen, dass diese einen lustigen Slogan, ein absurdes Bild oder eine andere animierende Botschaft vielfach weiterverbreiten oder variieren. Mit wenig finanziellem Aufwand lässt sich so große Aufmerksamkeit erzeugen, am besten dann,

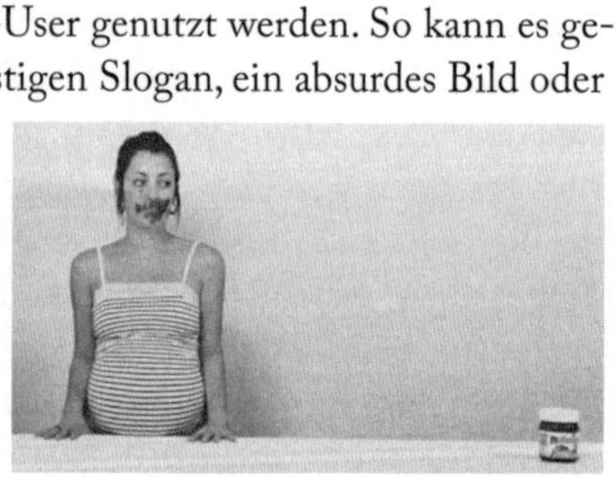

wenn ein Foto die Fähigkeit besitzt, zu einem Mem zu werden. Damit bezeichnet man Muster, die sich so stark einprägen, dass sie zu Formen der Nachahmung anregen. Das Werbefoto von *Nutella* besitzt offenbar diese Qualität; das Foto oder seine Varianten tauchen auf etlichen Blogs, Fan-Seiten oder Social-Network-Plattformen auf.

Künftig könnte es vermehrt zum Qualitätsmerkmal einer Werbung werden, die Initialzündung für einen Variationenreigen an Bildern geliefert und so das Image einer Marke oder eines Produkts auf einen Grundton eingestimmt zu haben. Dabei legt (nicht nur) das *Nutella*-Beispiel nahe, dass Bilder eher erfolgreich sind, wenn dieser Grundton zwar klar, aber nicht eindimensional ist. Vielmehr findet gerade Resonanz, was auch ambivalente Gefühle auszudrücken erlaubt und sich jenseits einer simplen Dichotomie von begeisterter Zustimmung und entschiedener Ablehnung oder sogar gleich im Modus der Ironie artikuliert. Dass für die eigene Biographie wichtige Produkte ohnehin nur selten eindeutig konnotiert sind, dürfte in nächster Zeit – mit der weiteren Etablierung von Kommunikationsweisen im Internet – zu einer selbstverständlichen Einsicht werden. In dem Maß, in dem Werbekampagnen dann nicht mehr nur aus platten Slogans des Lobpreises bestehen, wird umgekehrt auch die pauschale Verdammung des Konsums nicht länger glaubwürdig erscheinen.

Während der großen Zeiten des Bildungsbürgertums war Herstellung und Verbreitung von Bildern noch so aufwendig, dass Meme zu keinem relevanten Phänomen werden konnten. Eine Form der Gestaltung, die hingegen darauf angelegt war,

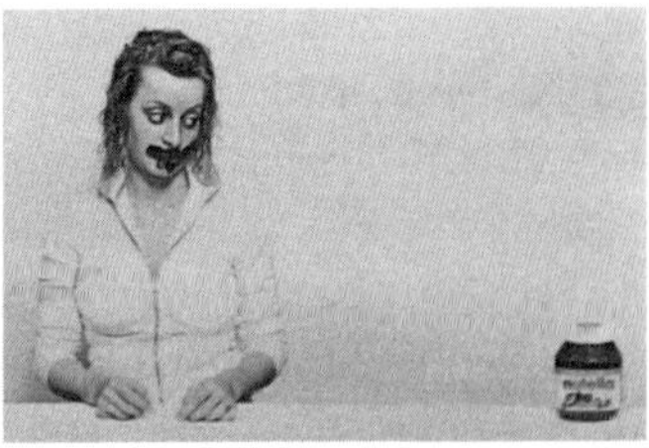

verbreitet und abgewandelt zu werden, war die Lyrik. Gebundene Sprache sorgte für Klarheit und Merkbarkeit, und wenn ein Dichter es verstand, in relativ wenigen Worten ein komplexes Bedeutungsgefüge zu evozieren, in dem viele Rezipienten sich – durchaus unterschiedlich – wiederzufinden vermochten, standen die Chancen gut, dass das Gedicht auswendig gelernt, weitergesagt und variiert wurde. Von Gedichten wie Goethes »Wandrers Nachtlied«, Claudius' »Abendlied« oder Schillers »Lied von der Glocke« gibt es zahllose Varianten; sie hatten über lange Zeit hinweg die Qualität von Memen. Neue Lyrik, die über vergleichbar bindende Kräfte verfügt, entsteht schon länger nicht mehr, und wenn es in der Gesellschaft einen ›iconic turn‹, eine Wende hin zu einer vermehrten Wichtigkeit von Bildern geben sollte,[146] dann ließe sich das gerade auch daran festmachen, dass es zunehmend Fotografien sind, die, anstelle von Gedichten, Eingang in das kollektive Gedächtnis finden oder zumindest für eine bestimmte Zeit sehr präsent sind.

So nahe der Schluss liegen mag, bei Marken und Produkten, die im Web 2.0 nicht vorkommen, Fehler des Marketings zu unterstellen, so sehr sollte man jedoch auch bedenken, dass nicht alles gleichermaßen zur Kommunikation im Netz prädisponiert ist. So haben exklusive globale Labels eine Kundschaft, die lieber unter sich bleibt und sich kaum auf breit angelegten Social Network Sites austauscht. Andere Marken wiederum sind so populär, dass es schwerfällt, mit einer Inszenierung ihrer Produkte überhaupt aufzufallen. Auch sie sind deshalb auf Internetplattformen eher unterrepräsentiert, dies hingegen gerade wegen ihrer großen Erfolge.

Dennoch wird man künftig in vielen Fällen den Misserfolg einer Marke daran festmachen, dass es nicht gelungen ist, ausreichend fiktionale Qualität zu erzeugen, um User dazu zu bringen, aus eigener Initiative daran anzuknüpfen. Oder sollte es sich nicht um eine langweilige, zombiehafte Marke handeln, wenn sie die Phantasie der Konsumenten nicht anzuregen vermag? Wenn diese nicht selbst damit beginnen, das Image auszuprägen und weiterzuführen? Starke Marken hingegen werden daran gemessen, wie sehr sie neben Käufern auch Sympathisanten finden, die ihre Beziehung zu einzelnen Produkten vielfältig – und gerade über Bilder – zum Ausdruck bringen. Und die damit etwas schaffen, was vielleicht als Konsumpoesie bezeichnet werden wird.

GLAD
Large Trash Recycling
8

IX Wertekapitalismus

Eines der bemerkenswertesten Details in einem der ungewöhnlichsten Häuser der neueren Architekturgeschichte ist eine Türklinke. Sie ist dazu da, das Wesen des Öffnens einer Tür deutlich zu machen; was es heißt, einen Raum mit einem anderen zu verbinden und eine Grenze aufzuheben, soll durch sie erfahrbar werden. Die Aufmerksamkeit, mit der ein alltäglicher Vorgang hier stattfindet, hat zu einer Erkenntnis zu führen; ein Ding wird zum philosophischen Mentor. Dass der Architekt dieses Hauses selbst Philosoph war, wundert daher nicht: Ludwig Wittgenstein ließ es zwischen 1926 und 1928 für seine Schwester Margarethe Stonborough in Wien bauen. In den dazu kolportierten Anekdoten kommt immer wieder die Akribie zur Sprache, mit der Wittgenstein sich auch mit scheinbar nebensächlichen Gestaltungsfragen beschäftigte. Als ausgebildeter Ingenieur konstruierte er jedes Detail, als handle es sich um das Teil einer Maschine. Seine Ansprüche waren so hoch, dass für die Herstellung vieler Elemente erst Techniken entwickelt werden mussten. Um etwa die Klinke nahtlos – ohne vorgeblendete Abdeckscheibe – in das Türblatt münden zu lassen, bedurfte es eines Schlossers, der in der Lage war, auf zehntel Millimeter genau zu arbeiten.

Wie mit der Türklinke ist es in diesem Haus auch mit anderen Elementen. Wittgenstein vergegenwärtigt Wohnen als Reihe von Ritualen und macht es damit zu einem eigenen Thema. Neben dem Öffnen der Türen wird das Steigen von Treppen, das Öffnen eines Fensters oder die Benutzung des Aufzugs zu einem solchen Ritual. In jedem Fall setzt er die Dinge eigens in Szene: Dass die Klinke etwas höher positioniert ist als üblich oder dass der Aufzug gleich doppelt zu ver- und zu entriegeln ist, verhindert ein gleichgültiges Agieren. Statt komfortabel zu sein und in ihrer Dienlichkeit aufzugehen, machen sich die Dinge präsent. Auf diese Weise erziehen sie ihren Benutzer. Sein Haus sei das »Produkt entschiedener Feinhörigkeit« und »*guter* Manieren«, bemerkte Wittgenstein selbst.[147]

Solche Aussagen passen zu den Ansprüchen des Deutschen Werkbunds, sie verraten die Überzeugung, einen Weg von der Ästhetik zur Ethik bahnen zu können und mit einer ›guten Form‹ mehr als nur Schönes zu erschaffen. Doch so klar und reduziert Wittgensteins Designs sind, so nahe liegt es auch, ihn zum Platoniker zu erklären: Wo sonst, wenn nicht in seinem Haus, hat sich die Idee der Türklinke – frei von allen Schnörkeln – materialisiert? Und konnte eine alltägliche Tätigkeit hier nicht genau die Bedeutung haben, die sie an sich ohnehin schon hatte?

Damit aber ist die Differenz zur heutigen Ding- und Konsumkultur offenkundig: Zwar mag es in ihr mehr denn je um Bedeutungen gehen, aber fast immer wird dabei das Ziel verfolgt, Dinge und Tätigkeiten zu etwas zu machen, das sie bis dahin noch nicht waren. Semantisches Hoch- und Umrüsten ist angesagt. Das Alltägliche wird gerade nicht als solches akzeptiert, sondern soll in etwas Spannenderes, Wichtigeres, Neues, Unerwartetes verwandelt werden. Alles ist daher etwas anderes oder zumindest mehr als es selbst. Die Ding- und Konsumkultur ist eine einzige große Übertreibung.

In der Konkurrenz einer Marktwirtschaft hat natürlich vor allem eine Chance, was auffällt, laut ist, überrascht. So lassen sich selbst Menschen, die wenig Affinität zum Konsumieren, ja kein Interesse an einer Emotionalisierung durch Produkte besitzen, gelegentlich erreichen. (Sie sind damit jedoch paradoxerweise am ehesten manipuliert: Eben weil sie sich nicht groß um Konsumfragen kümmern, werden sie leichter zum Opfer simpler Marketingtricks als jemand, der Konsumieren auch nur in Ansätzen als Kulturtechnik beherrscht.) Doch haben Effekte der Übertreibung für die Produzenten zudem den Vorteil, dass sie über verschiedene Milieus und Lebenshaltungen hinweg bei einer breiten Mehrheit ankommen können, ohne deshalb alle Menschen gleich zu machen. So sind zumindest drei Verhaltensweisen möglich, wenn man auf ein Produkt trifft, das mit einer starken Metapher verfremdet, mit einer extremen Verheißung beschriftet, mit hehren Worten vermarktet wird.

Einige nehmen eine solche Übertreibung ernst. Sie glauben daran, dass es sie tatsächlich qualifiziert, wenn sie Wasser-Connaisseure sind, dass ein Duschgel ihnen neue Energie geben kann, dass die Welt ein wenig besser wird, wenn sie ein Produkt kaufen, auf dem etwas von gutem Gewissen steht. Zumindest mit manchen Marken und Dingen können sie sich mühelos identifizieren, sich gar dazu bekennen. In Diskussionen verteidigen sie die entsprechenden Marken gegen Kritiker; sie wissen genau über Produktvarianten Bescheid. Bei ihnen werden Placebo-Effekte am wirksamsten.

Andere hingegen empfinden Übertreibungen grundsätzlich als unangemessen. Sie erkennen darin eine Unaufrichtigkeit, vielleicht sogar eine Obszönität. Wie Platon, Wittgenstein und der Deutsche Werkbund sind sie einem Begriff von Wahrhaftigkeit verpflichtet und können nicht einmal mit Humor auf die vielen Formen der Übertreibung reagieren, auf die sie in jedem Laden treffen. Sie fühlen sich zynisch behandelt, für dumm verkauft, ausgenutzt. Aber zugleich empfinden sie sich als überlegen, sind sie doch – im Unterschied zu anderen Konsumenten – wach genug, um das böse Spiel der Manipulation zu durchschauen. Wenn sie ganz ehrlich wären, gäben sie sogar zu, dass sie es eigentlich genießen, immer wieder die Chance zu bekommen, eine Produktinszenierung als maßlose, groteske, aggressive Übertreibung dekuvrieren und sich in ihrem Antikonsumismus bestätigt fühlen zu können. Die Emporung tut ihnen gut; sich auf der richtigen Seite zu wissen, ist ihnen Genugtuung.

Ein dritter Typus von Konsument durchschaut zwar ebenfalls die Strategien der Übertreibung, enthält sich jedoch einer moralisierenden Reaktion. Im Gegenteil haben die Vertreter dieses Typus' Spaß daran, die Übertreibungen als solche aufzunehmen. Sie staunen über die Chuzpe von Produzenten, amüsieren sich über Varianten und Exzesse einzelner Produkte, goutieren besonders absurde, unpassende, originelle Übertreibungen, sehen darin aber vor allem eine plakative Form von Tendenzen des Zeitgeists. Eventuell sammeln sie sogar, was ihnen besonders signifikant erscheint, oder sie perfektionieren ihr ironisches, entspannt-humorvolles Verhältnis zu Konsumprodukten dadurch, dass sie lange in Läden verweilen und sich keine Produktaufschrift entgehen lassen, immer auf der Suche nach der schönsten aller Übertreibungen.

Viele Menschen lassen sich nicht eindeutig einem dieser drei Typen zuordnen; bei ihnen hängt es vom Produkttyp ab, welche Reaktion sie zeigen. In einigen Fällen sind sie naiv-affirmativ: unerschütterlich in ihrem Glauben, dass man nur mit den Produkten einer ganz bestimmten Marke anständig kochen oder sich richtig rasieren kann. Bei anderen Produkttypen hingegen wissen sie ebenso klar, dass man sie nur über den Tisch ziehen will, man also als Konsument gar nicht kritisch und distanziert genug sein kann. In wieder anderen Fällen können sie sich locker geben und es einfach lustig oder interessant finden, wenn ihnen ein übertriebener Spruch auffällt.

Übertreibungen disponieren somit zu drei als wertvoll empfundenen Erfahrungen: zu starker Identifikation, zu moralischer Überlegenheit, zu ästhetisch-intellektuellem Genuss. Damit aber erweisen sie sich als erfolgreichere Strategie verglichen mit allen Bemühungen um die ›gute Form‹. Ihr gegenüber kann man zwar ebenfalls als begeisterter Befürworter auftreten, doch es fällt schwer, die beiden anderen Positionen zu beziehen. Wer das damit verbundene Pathos und Sendungsbewusstsein als unangenehm empfindet, wird sich noch lange nicht überlegen fühlen, und ein ironisches Verhältnis gegenüber so viel gestalterischer Integrität ist erst recht nicht möglich.

Dass das Prinzip der Übertreibung seit einigen Jahrzehnten – seit Entstehung der Wohlstandsgesellschaft – herrschend geworden ist, dürfte insbesondere zur Ausprägung des dritten, ironischen Typs von Konsumverhalten geführt haben. Bevor Produkte nicht mit zahlreichen und starken Bedeutungen codiert wurden, wäre es gar nicht vorstellbar gewesen, ihnen augenzwinkernd, hyperaffirmativ, persiflierend oder karikierend zu begegnen. Und je übertriebener die Semantisierung stattfindet, desto leichter fällt es, selbstbewusst damit umzugehen. Hätte man sich also vor zwei Generationen gegenüber Mineralwasser, einer Seife oder einem Küchengerät noch gar nicht ironisch benehmen können, hat sich mittlerweile ein zusätzlicher und in sich nochmals reich differenzierter Modus des Verhaltens etabliert.

Hier ist vor allem auch ein großes neues Feld für Schriftsteller und Künstler entstanden. Wenn sie noch oder wieder Avantgarde sein können, dann insofern, als sie den Konsumenten Wege aufzeigen, freier und intelligenter mit Formen der Konsumästhetik umzugehen. So lässt jemand wie David Wagner in seinem Supermarkt-Roman reflektiert auf sich wirken, was Konsumenten täglich in Kühltruhen und Regalen begegnet.[148] Damit ermöglicht er eine alternative und durchaus erkenntnisträchtige Wahrnehmung des vermeintlich längst Vertrauten und nur Banalen.

Eine Künstlerin wie Stephanie Senge geht noch weiter.[149] Sie sammelt seit den 1990er Jahren in Supermärkten vieler Länder Produkte nach verschiedenen Kategorien. Für Arbeiten und Aktionen wählt sie jeweils einzelne Stücke ihrer Sammlung aus, etwa unter Begriffen wie ›Liebe‹, ›Limited Edition‹ oder ›Time Control‹. In anderen Fällen, so etwa bei der 2011 entstandenen Serie *Konsumkonstruktivismus,* setzt sie die Motive auf einer Produktverpackung fort und offenbart so deren stilgeschichtliche Hintergründe oder inszenatorische Absichten. Ferner

agiert sie mit den Slogans von Marken, etwa bei einer Aktion im Jahr 2011. Dabei nahm sie unter dem Titel *Protest aus dem Supermarkt* Claims wie »Luxus für alle« oder »Hier zählt das Wir«, mit denen Unternehmen mit politischen Haltungen kokettieren, ganz wörtlich. Sie übertrug sie auf Leinwände und ging mit Demonstranten auf die Straße. Dort wurden die Losungen mit Megaphon und Sprechchören zusätzlich lautstark verbreitet.

Mit ihren Projekten – und den Mitteln der Kunst – versucht Senge, den vom Konsum täglich herausgeforderten Menschen neue Umgangsformen mit Produkten zu vermitteln, um sie zu mehr Bewusstsein und, daraus folgend, zu mehr Selbstbewusstsein zu führen. Sie will sie »ermutigen, zu starken Konsumenten zu werden«.[150] Hier, wie auch bei anderen Künstlern, die sich in ihrer Arbeit der Ästhetik von Marken und Produkten widmen, werden Formatierungen und Sozialisierungen, die die Konsumwelt hervorgebracht hat, als solche exponiert. Das schafft Raum dafür, warenästhetische Erziehung um andere, freiere Formen von Erziehung zu ergänzen. Wohl nirgendwo anders als in den Künsten lässt sich damit das, was einmal bildungsbürgerliche Ideale waren, besser in konsumbürgerliches Engagement überführen.

Andererseits jedoch verleiten die Übertreibungen der Produkte und ihres Marketings Konsumenten auch dazu, ihrerseits mit Formen übertriebener Identifikation oder Abwehr zu reagieren. Sie lassen sich dann einen Markennamen auf ihren Körper tätowieren oder versuchen, ihre Kinder nach einem Label zu benennen. Oder sie verschulden sich, nur um alle Produktvarianten einer Marke besitzen zu können. Zugleich gibt es nicht nur jemanden wie Neil Boorman, der seine Markenprodukte öffentlich verbrennt und zum Konsumoklasten wird, sondern auch Jugendliche, die ihren Protest gegen Markenkult und Konsumismus durch die gezielte Zerstörung einzelner Artikel zur Schau stellen. So filmen sie sich etwa, während sie ein brandneues Produkt einer gehypten Marke wie *Apple* mit Gewalt in seine Einzelteile zerlegen. Am meisten Aufmerksamkeit erfährt dabei, wer als Erster ein Exemplar einer gerade erst auf den Markt gekommenen Produktvariante kaputt macht – zu einem Zeitpunkt, zu dem viele andere noch ungeduldig und sehnsüchtig in den Kaufschlangen stehen, um selbst ein Exemplar zu ergattern.[151]

Bei solchen Aktionen geht es jedoch immer auch um das Demonstrieren von Coolness. Diese ist ihrerseits auf Übertreibung angelegt, ja beweist sich am besten darin, etwas anderes als weniger cool zu diskreditieren. Während es also vielen als cool erscheint, besonders angesagte – teure, exklusive, designstarke – Markenprodukte zu besitzen, erkennen andere, dass es noch cooler ist, dieselben Produkte zu zerstören. Nicht zuletzt stellt das eine Mutprobe dar, muss man doch damit rechnen, von allen, die sich mit dem zerstörten Markenprodukt identifizieren, beleidigt, für verrückt erklärt oder auf andere Weise angegriffen zu werden.

Um Übertreibung und Coolness ging es auch schon in der alten höfischen Welt. Damals wurden Gegenstände oft extrem aufwendig, zum Teil sogar nicht funktional gestaltet. Stuhllehnen mit üppigem Schnitzwerk, das beim Sitzen hart gegen den Rücken drückte, gewaltige Polstersessel, in denen man versank,

Betten, die sich ohne Hilfe kaum besteigen ließen, und Schuhe, in denen es fast unmöglich war, zu gehen, waren in der höfischen Kultur üblich – ganz abgesehen von den Ritualen, mit denen alltägliche Tätigkeiten kompliziert zelebriert wurden. Diese Übertreibungen besaßen vor allem eine repräsentative Funktion. Damit sollte demonstriert werden, dass man so souverän – so cool – war, mit all den »Diktaten des Designs« (»dictates of [...] design«) zurechtzukommen und auf Komfort, Wärme, Gemütlichkeit zu verzichten, obwohl man sie sich hätte leisten können.[152] (Vielleicht förderte man auf diese Weise sogar den sozialen Frieden, nahm man einer armen Mehrheit, die ihrerseits auf jeglichen Komfort zu verzichten hatte, immerhin einen Grund zu Neid.)

Während die Übertreibungen einst den Gebrauchswert der Dinge beeinträchtigten (was im Gegenzug auch erst die Idee einer ›guten Form‹ anziehend machte), dominieren heute semantische Übertreibungen. Der Konsument ist weniger als Benutzer denn als Rezipient angesprochen, eine Produktübertreibung ist also vergleichbar mit Übertreibungen in verschiedenen Gattungen der Hoch- oder Populärkultur. So ist der Kitschroman, der alles auf ein ›happy end‹ hin trimmt, vornehmlich für ein Publikum gedacht, das gerne ernst nimmt, womit es sich beschäftigt und sehnsüchtig eine bessere Wirklichkeit erhofft. Dagegen wird etwa in der Oper, deren Handlung oft künstlich überzogen – nüchtern betrachtet: völlig unglaubwürdig – ist, darauf gesetzt, dass der Zuschauer eine Haltung ästhetisierender Distanz einnimmt und die Differenz zum Gewohnten genießt, statt sie als Fehler zu beklagen.

Auch philosophische Reflexion und Theoriebildung im Allgemeinen tragen häufig Züge des Übertreibens, und obwohl es selbst eine Übertreibung darstellt, wenn Hannah Arendt behauptete, »Denken übertreibt überhaupt immer«, lässt sich daraus wenigstens auf einen positiven Begriff von Übertreibung schließen.[153] Viele Philosophen, zumal wenn sie einen Sinn für die performative Dimension des Denkens haben, nutzen

Übertreibungen gezielt zur Provokation; sie wollen damit überraschen oder verblüffen, vor allem aber deutlich machen, dass Denken unabhängig von einer Verpflichtung gegenüber ›der‹ Wahrheit eine Qualität haben kann. Von den antiken Sophisten bis hin zu Slavoj Žižek fungiert das Übertreiben so als Methode, Menschen von der Bindung an bestimmte Denkfiguren zu befreien. Indem man ihnen das Konstruierte jeglicher Theorie vorführt, nährt man Zweifel an der Berechtigung von Ideologien und begünstigt so ebenfalls ironische Einstellungen.

Doch sind Übertreibungen häufig auch Ausdruck eines Wunschs nach Komprimierung. Damit sind sie vor allem dort beliebt, wo man nicht damit rechnen kann, ungeteilte und langanhaltende Aufmerksamkeit zu finden. Das mag bei Philosophen der Fall sein, die seit jeher darunter leiden, als zu rezeptionsaufwendig zu gelten, es trifft aber auf andere Weise auch auf die meisten Konsumprodukte zu. So haben diese einen großen Nachteil gegenüber Filmen, Romanen oder sogar Videoclips, für die Rezipienten immer wieder Zeit aufbringen, um emotionale Beziehungen zu Protagonisten aufzubauen oder sich mit den in einer Handlung virulenten Werten auseinanderzusetzen. Dagegen findet ein Produktdesign nur selten konzentrierte Aufmerksamkeit. Und es wird nur für jeweils kurze Zeit wirksam: im Laden oder während man das Produkt zur Hand nimmt und zu gebrauchen beginnt. Also muss die geringe Zeitspanne umso intensiver genutzt werden, um doch etwas zu erreichen. Ein starker Spruch, eine grelle Farbigkeit, eine große Versprechung – das alles ergibt sich aus der knappen Rezeptionszeit.

Allerdings gelingt es ambitionierten Marken mittlerweile auf anderen Wegen, die Aufmerksamkeit der Konsumenten länger an sich zu binden. Daher sind sie auf Effekte schnell wirksamer Übertreibung weniger stark als bisher angewiesen. Das ist vor allem der Fall, wenn die Produkte selbst sekundär werden gegenüber den Fiktionen, die um sie herum entwickelt werden, es also gelingt, andere Kanäle als die herkömmlichen

Werbung und Produktinszenierung zu nutzen, um am eigenen Image zu arbeiten.

So viel Engagement jenseits der Produkte kann sich hingegen nur erlauben, wer diese weitgehend etabliert hat und zu ihrer Weiterentwicklung nicht mehr viel investieren muss. Dann kann sich eine Marke um Sport, Kultur oder andere Bereiche der Unterhaltung kümmern, diese aber nicht nur sponsern, sondern aktiv gestalten, um mit den so erzeugten Inhalten breite Aufmerksamkeit und entsprechend große Image-Effekte zu erzielen. So ist vielen klar, dass sie mit einem Teil des Kaufpreises einer Dose *Red Bull* Projekte unterstützen, die für Spannung und Abenteuer stehen und das Unternehmensmotto »verleiht Flügel« emotional in Szene setzen. Als wäre es eine Rundfunk- oder Fernsehgebühr, finanziert man mit dem Kaufpreis Formel-1-Rennen, Fußballspiele oder Extremsprünge, die im Fernsehen übertragen und kommentiert, im Internet, über Twitter und in anderen Medien weiter verhandelt werden und so eine ungleich breitere Resonanz erfahren als ein einfaches Produktdesign oder ein klassischer Werbespot.

Doch wenn eine Marke sich auf einem Feld wie dem Sport exponiert, ist keineswegs vorhersehbar, wie genau sich ihr Image entwickelt. Zwar überlässt man es hier nicht engagierten Konsumenten, weiter auszugestalten, was in Marketingkampagnen lanciert wurde, aber man begibt sich auf Terrains, auf denen es auch tragische Niederlagen, böse Unfälle, unheroisches Scheitern gibt. Was hätte es etwa bedeutet, wäre der Sprung aus dem All, den Felix Baumgartner im Oktober 2012 nur dank des Sponsorings von *Red Bull* wagen konnte, missglückt? Zu einem Imageschaden wäre es nur gekommen, hätte man dem Unternehmen Leichtfertigkeit in der Vorbereitung der Aktion nachweisen können. Doch hätte das Bild eines Unternehmens voller strahlender Sieger und makelloser Erfolgsbilanzen eine Korrektur erfahren. Das Unternehmen hätte Würde darin beweisen müssen, wie es mit einem Unglück fertig wird und seinen Mut zum Risiko weiter rechtfertigt.

Durch ein Unternehmen, das sein Image mit der Inszenierung und medialen Aufbereitung sportlicher Abenteuer gestaltet, werden zugleich neue technische Standards gesetzt. Nicht das Produkt, sondern dessen Vermarktung ist innovativ. Und während früher allein die Unternehmen der Unterhaltungsindustrie über Formate und Qualität von Fernsehprogrammen oder Filmen entschieden, sind daran mittlerweile auch die Marketingverantwortlichen von imagepolitisch stark engagierten Firmen beteiligt. Für extreme Events wie Rekordsprünge entwickeln sie zudem sogar neue Medizin- oder Kameratechnik, die dann auch in anderen Bereichen zum Einsatz kommen kann. Volkswirtschaftlich positive Effekte könnten ferner dadurch entstehen, dass Menschen, die sich gut und spannend unterhalten fühlen, friedlicher zusammenleben als in einer Gesellschaft ohne hochentwickelte Unterhaltungsmedien. Damit aber haben sich die Verhältnisse grundlegend geändert: Das, was herkömmlich ›Werbung‹ hieß, kann ein Unternehmen wertvoll und zum Motor gesellschaftlichen Fortschritts machen; im Vergleich dazu sind seine Produkte unwichtig, nötig nur, um sich die Innovationen von möglichst vielen Kunden finanzieren zu lassen.

Dass die Bemühung um ein gutes und spannendes Image solche Dimensionen annehmen kann, Marketing also zu einem relevanten Faktor der heutigen Unterhaltungs- und Eventkultur geworden ist, wäre außerhalb einer Wohlstandsgesellschaft kaum vorstellbar. Man kann es daher auch als Form von Luxus – als andere Form von Übertreibung – ansehen, wenn viele Menschen bereit sind, mit nicht unerheblichen Teilen ihres Geldes für alltägliche Produkte immer wieder neue Arten von Unterhaltung zu finanzieren. Unter demokratischeren Umständen wiederholt sich so, was in einer höfisch-aristokratischen Gesellschaft üblich war. Zahlten damals die Steuerpflichtigen für den aufwendigen Lebensstil, das Luxus- und Unterhaltungsbedürfnis des Adels, so finanzieren heute die Konsumenten ihren eigenen Spaß. Während ehedem nur die Mitglieder des Hofs von den Luxusausgaben profitierten, wobei eine einzelne Person nicht selten sogar mehrere Prozent der Wirtschaftsleistung eines gesamten Volkes für sich in Anspruch nahm, wird das Vergnügen heute breiter verteilt. Zwar haben nach wie vor nur sehr wenige direkt etwas davon, nämlich Unternehmer wie der *Red Bull*-Gründer Dietrich Mateschitz, der seine Träume üppig ausleben kann, sowie die von ihm mit großen Summen unterstützten Extremsportler, die ihre Abenteuer verwirklichen; doch dank der Möglichkeiten neuer Medien kann ein breites Publikum an all dem teilhaben und sich so seinerseits aufregend und originell unterhalten fühlen.

Der Wirtschaftshistoriker Werner Sombart arbeitete 1913 heraus, welch großen Beitrag die höfische Luxusgesellschaft zur Entwicklung und Durchsetzung des Kapitalismus geleistet hatte. Die oft teuren Rohstoffe und entsprechend hohen finanziellen Vorleistungen verlangten genauso nach kapitalistisch denkenden Unternehmern wie die großen Konjunkturschwankungen, die in den Luxusgewerben bestehen.[154] Wer also nicht in der Lage war, so zu wirtschaften, dass er jederzeit Kapital zur Verfügung hatte, besaß kaum Chancen, im Seidenwarenhandel, Juweliergewerbe oder der Parfümerie zu überleben.

Waren es somit (neben der protestantischen Ethik) die Übertreibungen eines frühen konsumistischen Milieus, die dem modernen Kapitalismus den Boden bereiteten und damit Folgen für die gesamte Wirtschaftsordnung besaßen, so dürfte auch die heutige Luxus- und Unterhaltungsindustrie zu weiterreichenden Veränderungen der Infrastruktur führen. Da sich die Bedürfnisse mittlerweile so sehr auf Bedeutungen, Fiktionen und Themen konzentrieren, es also auch im Marketing darum geht, mit Inhalten stark und eigenständig zu werden, ist nun – im Gegensatz zu früher – eine Erweiterung der Logik des Kapitalismus zu erwarten. Statt sich nur auf Ergebnisse der Marktforschung zu verlassen, um Gewinne zu maximieren, werden Unternehmen bemerken, dass sie mehr Überraschung und Reibung erzeugen, wenn sie ihre Themen selbst definieren. Marktforschung kann herausfinden, wann sich Konsumenten Entspannung und wann sie sich Stimulation wünschen, doch ist sie nicht dazu geeignet, neue Themen zu entdecken und originelle Unterhaltungsformate zu entwickeln. Es sei Aufgabe des Herstellers, zu erkennen, was der Konsument wolle, dieser selbst wisse es nämlich nicht, bemerkte bereits *Apple*-Gründer Steve Jobs (»customers don't know what they want«).[155]

Sofern Unternehmen aber im Zuge ihrer Imagepolitik aus eigener Initiative Themen besetzen und Werte lancieren, statt nur auf Forderungen zu reagieren, handeln sie nicht mehr rein kapitalistisch. Sosehr sie die Arbeit am Image weiterhin mit dem Ziel betreiben mögen, Marktanteile zu erhöhen oder Wettbewerber zu verdrängen, so sehr gewöhnen sie sich auch an, die inszenierten Themen und Werte ernst zu nehmen. Vielleicht statten sie sich sogar mit inhaltlichem oder auch ideologischem Sendungsbewusstsein aus. Innerhalb des Unternehmens selbst ist dann beides, Gewinnstreben und Themenmanagement, Rendite und Imagepolitik, fortwährend in einen Ausgleich zu bringen.

Allerdings sind im Moment erst wenige Unternehmen selbstbewusst genug, neue und gar umstrittene Inhalte und Werte für sich zu reklamieren. Die meisten, die eine Imagepolitik in großem Stil betreiben, folgen vielmehr gesellschaftlich angesagten Themen wie ›Nachhaltigkeit‹, ›Ökologie‹ oder ›soziale Verträglichkeit‹. Sie haben die Sorge, zu viele potenzielle Kunden zu verschrecken, wenn sie sich zu nicht bereits durchgesetzten Werten bekennen; daher wollen sie sich so weit wie möglich doch noch mit Ergebnissen der Marktforschung absichern.

Immerhin zeigt sich aber gerade in der Aneignung der genannten Themen eine bemerkenswerte Veränderung. So scheint es, als würden Unternehmen etwas, das sie zuerst nur mit Rücksicht auf Zeitgeist und Marktforschung aufgegriffen haben, doch wirklich wichtig finden und sogar unabhängig von Renditeaussichten vertreten. Die vielen Aktivitäten – von Nachhaltigkeitsberichten, in denen das moralische Engagement des Unternehmens dokumentiert wird, bis hin zu neuen Formen des Sponsorings oder Maßnahmen der Einbindung der Kunden in ökosoziale Projekte – zeitigen bei den verantwortlichen Managern also selbst Wirkung. Ihre eigenen Kampagnen bewegen sie zu einem Umdenken.

Damit ist über eine Entwicklung zu spekulieren, die seit der Antike immer wieder Thema der Philosophie war. So machte man sich Gedanken darüber, ob Realitäten allein durch neue Gewohnheiten veränderbar sind. Cicero, davon überzeugt, prägte dafür die Formel »consuetudo est altera natura« (»Gewohnheit wird zur zweiten Natur«).[156] Die anschaulichste Illustration dieser These entstand im Mittelalter mit dem Lale-Buch, bekannter unter dem Namen der Schildbürger. Diese waren von Natur aus besonders intelligent und weise, weshalb sie von aller Welt um Rat gefragt wurden und schließlich sogar ihre eigenen Angelegenheiten vernachlässigen mussten. Eines Tages ging ihnen das auf die Nerven, sie beschlossen, sich von nun an dumm zu stellen, um in Ruhe gelassen zu werden. Nachdem sie aber eine Zeitlang das Benehmen von Dummen an den Tag gelegt hatten, wurden sie tatsächlich dumm. Bis sie erkannten, was »ein krefftig ding es seye, wann einer ein andre gewonheit an sich nimmet«, war es schon zu spät, sie konnten die Dummheit nicht mehr einfach ablegen.[157]

Auch die Marketing-Manager in Unternehmen, die zuerst nur so taten, als seien sie besorgt um Umwelt und Arbeitsbedingungen, könnten nach und nach verlernen, noch anders als ökologisch und sozial zu agieren. Sie verinnerlichen das so sehr, dass sie zu überzeugten, gar zu missionierenden Instanzen werden. Selbstbewusst begreifen sie sich als Erzieher, die den Konsumenten schließlich noch Defizite hinsichtlich Bildung, Sensibilität oder Handlungsbereitschaft vorhalten.

Dann aber besitzen Unternehmen auch nicht mehr nur das eine Ziel, möglichst viel Gewinn zu machen, sondern verfolgen daneben das zweite Ziel, Themen, Ideen oder Ideale zu verbreiten. Genauso können die Verantwortlichen in Unternehmen, abgesehen von ihrer Rendite, auf noch extremere Formen der Unterhaltung oder auf Entwicklungen in Wissenschaft und Technik neugierig sein. Es verleiht ihnen zusätzliche Motivation, über Aktionen, Social Network Sites und Groß-Events viel besser als bisher Emotionen, aber auch Einstellungen von Konsumenten zu verändern, ja, mehr von deren Zeit zu besetzen und zu gestalten.

Werte avancieren dabei zum neuen Hauptanliegen vieler Unternehmen. Man überbietet sich gegenseitig darin, noch mehr, noch wichtigere, noch glaubhaftere Werte für sich zu beanspruchen, so als sei ein Wert an sich schon eine gute Sache. Doch dürfte die etwas naive Begeisterung für Werte Indiz dafür sein, wie neu und überraschend eine Unternehmenspolitik ist, in der es nicht mehr nur um Renditen geht. Werte erscheinen dann als Äquivalent zu Gewinnen, verheißen aber zugleich noch mehr.

Man wird sich rückblickend vermutlich einmal amüsieren über den Eifer, mit dem Unternehmen am Beginn des 21. Jahrhunderts allenthalben von Werten zu sprechen begannen, Manager sich als Moralphilosophen aufspielten und Unternehmensgründer zu Heilsbringern werden wollten. Manche von ihnen, etwa der Gründer des Internet-Schuhhändlers *Zappos*, Tony Hsieh, erklärten sogar Glück, den vermeintlich höchsten Wert überhaupt, zum Ziel ihres Unternehmens. Hsieh berichtet von seiner Beschäftigung mit Glücksforschung und der Implementierung von deren Ergebnissen in die Abläufe des Unternehmens, weiter von seinen Versuchen, eine globale Kampagne für mehr Glück zu entwickeln.[158] Sehr gut verkörpert er den neuen Typus von Unternehmer, einen Wertekapitalisten, der nach wie vor stolz ist auf gute Bilanzen, sich aber genauso darüber definiert, etwas Gutes in der Welt zu tun.

Unternehmen, die nicht dem klassisch-eindimensionalen Schema einer kapitalistischen Wachstumsorientierung folgen, wurden jedoch auch früher schon gegründet. So war die Kirche immer eine Institution, deren Aktivitäten auf Profit hin ausgelegt sind, die aber zugleich nie vergessen hat, eigene Werte und Ziele durchzusetzen. Aber auch in Rudolf Steiners »Der Kommende Tag AG – Aktiengesellschaft zur Förderung wirtschaftlicher und geistiger Werte« kommt eine doppelte Ausrichtung zum Ausdruck, werden doch hier ökonomische und ideologische Interessen gleichermaßen benannt. Ferner kann man an Verlage denken, die zwar auf dem Markt bestehen müssen, aber oft nicht nur ein kommerzielles Ziel erreichen wollen, sondern mit ihrem Programm zugleich Ausdruck ideeller Interessen, einer politischen oder religiösen Haltung sind.

Wie es jedoch nie nur Programmverlage gab, sondern viele Vertreter der Branche Gewinn über Inhalte stellten, ist auch nicht zu erwarten, dass künftig alle Unternehmen neben der Logik des Kapitalismus weitere Ziele verfolgen. Möglich hingegen scheint eine klarere Zweiteilung. Dann wären einfache Massenprodukte weiterhin nachfrageorientiert und würden allein aus Umsatzinteresse auf den Markt gebracht, während statusträchtige oder auch für bestimmte Werte symbolhafte Produkttypen häufiger als bisher vom ideellen oder fiktionalen Engagement ihrer Hersteller zeugen. Sie begreifen ihre Produkte als Medien, mit denen sie ihre Botschaften verführerisch und wirkungsvoll – nach dem klassischen Prinzip des ›delectare et prodesse‹ – verbreiten können. Viel Geld verwenden sie für die Befriedigung des eigenen Sendungsbewusstseins. Der erwünschte Profit besteht weniger in noch mehr Kapital als vielmehr in einer gewachsenen Zahl von Anhängern.

In den letzten Jahrzehnten wurden etliche Unternehmen ins Leben gerufen, deren Gründer zuerst vor der Alternative standen, sich in einer Partei oder auf der Straße zu engagieren, bevor sie sich dafür entschieden, ihre Ziele bevorzugt in Form von Produkten publik zu machen und durchzusetzen. Das Bekenntnis zu bestimmten Werten ist dann kein nachträgliches Marketing-Konzept, das einem Zeitgeist folgt; vielmehr kann eine Marke im besten Sinn zu einem Trendsetter werden und

Aufmerksamkeit für Belange schaffen, die sonst unterzugehen drohen.

Als Prototyp einer derart aktiven Marke kann *The Body Shop* gelten, so wie sie 1976 von Anita Roddick gegründet wurde – und nicht verwechselt werden sollte mit dem, was davon übrig geblieben ist, seit sie 2006 Teil des *L'Oreal*-Konzerns wurde. Von Anfang an diente die Marke dazu, auf aktuelle Themen aufmerksam zu machen, die meist Roddick selbst bestimmte. Im Lauf der Jahre ging es dabei um so unterschiedliche Dinge wie die Rettung der Wale, den Einsatz für das durch Erdölbohrungen in Nigeria bedrohte Volk der Ogoni, Aktionen gegen Tierversuche in der Kosmetikindustrie oder Probleme sexueller Gewalt. Roddick scheute auch nicht davor zurück, andere Unternehmen – etwa *Shell* – anzugreifen, sah sich somit weniger als Teil eines vernetzten Wirtschaftssystems denn als Aktivistin, die nur mit anderen Mitteln kämpft als Demonstranten oder Politiker. Wie sehr sie kapitalistische Interessen ihren politischen Zielen unterordnete, wird daran deutlich, dass sie es »zu den größten Frustrationen« zählte, »dass uns die Medien und die Banken ständig nach unseren Profiten einschätzen, nach den Verkaufszahlen unserer Produkte, während wir seit jeher und noch immer nach unseren Aktionen in der Außenwelt beurteilt werden wollen«. Und noch prägnanter formuliert: »Nicht die Produkte waren für uns von Anfang an die prägende Kraft, sondern unsere Prinzipien.«[159]

Ihr Unternehmen wollte Roddick als eine »Art Bürgerinitiative« verstanden wissen, deren Produkte als »Triebkraft des sozialen und politischen Wandels« fungieren sollten.[160] Dahinter stand der Gedanke, dass jemand, der Geld für etwas ausgibt, auch eher zu einer Identifikation mit den damit verbundenen Werten zu bewegen ist. Die Marke wird so zu einem Ersatz für einen charismatischen Redner oder strengen Lehrmeister; sie bringt Menschen dazu, sich zu Zielen zu bekennen und dafür zu engagieren. Roddick ging so weit, ihre Marke nur »als

Vehikel« anzusehen, »Werte in eine nicht wertorientierte Branche einzuführen«. Der Gebrauchswert ihrer Produkte war für sie hingegen sekundär, denn »kein Mensch *braucht* das, was wir verkaufen. Man könnte sich Mayonnaise ins Haar schmieren, um es zu festigen, und man kann Salz nehmen, um die Haut weicher zu machen.«[161] Erst wenn die profanen Kosmetikartikel politisch aufgeladen sind, besitzen sie für Roddick einen echten Mehrwert. Und erst dann gibt es aus ihrer Sicht einen guten Grund, sie zu kaufen, werde den Konsumenten doch die Chance eröffnet, »mit ihrem Einkauf eine Gewissensentscheidung [zu] treffen«.[162]

Patagonia, Hersteller von Bergsteiger- und Sportbekleidung, bricht in der Unternehmenspolitik ebenfalls mit dem Monopol kapitalistischer Wachstumsziele. In Prospekten werden den Konsumenten die jeweils neuen Artikel nicht nur vorgestellt, sondern es wird zugleich an sie appelliert, sich zu überlegen, ob sie auf die Produkte nicht auch verzichten könnten: »Gewiss wollen wir unsere Produkte verkaufen. [...] Aber wir rufen unsere Kunden auch dazu auf, nur das zu kaufen, was sie wirklich brauchen. Alles, was wir produzieren – oder was sonst jemand produziert –, kostet den Planeten mehr, als es ihm zurückgibt.« Im Folgenden wird dann empfohlen, bereits vorhandene Produkte »besser zu nutzen« und »abgenutzte Artikel [...] zu reparieren«. Das Unternehmen bietet dazu sogar einen weitgehend kostenlosen Reparaturservice an. Schließlich wird der Kunde noch dazu ermahnt, Kleidung könne »länger getragen werden, als man glaubt«; wenn sie aber wirklich kaputt sei, solle man sie an das Unternehmen zurückschicken, um sie dem Recycling zuzuführen.[163]

Auch bei *Patagonia* bemüht man sich um Transparenz und beklagt im Gegenzug die allgemeine Unwissenheit vieler Konsumenten. Sie zu überwinden wird zur Voraussetzung für ein ökologischeres Handeln erklärt. Der Besuch der Läden gerät für den Kunden daher zum Absolvieren eines Aufklärungsparcours, allenthalben weisen Schilder auf den Wasserverbrauch einzelner Produktionsprozesse, auf die Herkunft von Ressourcen oder auf Recycling-Programme hin. Und auch hier gibt es eine starke Gründerfigur, die zum Mythos erhoben wird: Yvon Chouinard, US-amerikanischer Kletterer, der *Patagonia* seit 1972 aufgebaut hat. In den Läden der Marke hängen Fotos, die ihn bei Expeditionen zeigen, und keine Produktbroschüre kommt ohne Bilder, Zitate, Legenden von ihm aus.

Sofern Unternehmen eigene Werte und Ziele proklamieren und sich nicht nur auf die Marktforschung verlassen, um einseitig gewinnorientiert zu agieren, verkörpern sich in ihnen also auch Persönlichkeiten. Sie sind Urheber, geradezu Autoren der jeweiligen Unternehmensphilosophie. Und sie gestalten aus eigener Überzeugung ihre Produkte, statt diese nur an den Wünschen von Konsumenten auszurichten. Eine Zeit, die auf Seite der Unternehmen von Events und Idealen gekennzeichnet ist, wird somit auch eine Zeit sein, in der neue Typen von Heldengeschichten erzählt werden. Jeder erfolgreiche Gründer eines an Themen und Werten orientierten Unternehmens wird als kreative Figur gewürdigt werden, die Elemente eines Intellektuellen und eines Künstlers in sich vereint. Es dürfte nicht mehr lange dauern, bis das Genre der Unternehmer-Biographie aus ähnlichen Topoi aufgebaut ist wie Künstler-Biographien – und bis Personen wie Anita Roddick, Yvon Chouinard, Tony Hsieh und Dietrich Mateschitz allgemein bewundert werden und zahlreiche mehr oder weniger begabte Nachahmer finden. Die vielen Berichte und Kommentare nach dem Tod von Steve Jobs im Jahr 2011 gaben bereits Einblick, mit welchen Motiven sich neue Mythen erzeugen lassen.

Neben den Gründern kommt in wertekapitalistischen Unternehmen aber auch all denen eine große Bedeutung zu, die für das Programm, für die Definition und Vermittlung der Werte zuständig sind. Aus Marketingmanagern werden Imageredakteure und Programmleiter, die, unabhängig von vorab eruierten

Nachfragen, darauf achten, dass sich ihre Themen und Ideale klar und attraktiv manifestieren. Sie nützen die Konsumprodukte, ›Points of Sale‹ und zahlreiche andere Wege als Instrumente der Aufklärung, Mobilisierung und Emotionalisierung. Vor allem aber wollen sie Menschen beeinflussen und in ihrem Denken verändern. Künftig könnten es daher Unternehmen sein, die maßgeblich zur Meinungsbildung beitragen und für öffentliche Debatten sorgen. Sie sind dann vermutlich sogar wichtiger als die klassischen Medien, wenn es darum geht, ungewöhnliche Plots zu ermöglichen, Ideen in den Alltag – in die Handlungsabläufe – zu implementieren und Wege vom Wissen zum Handeln zu bahnen. Damit werden Imageredakteure viel Macht haben, und Imagechefredakteur einer großen Marke zu werden, wird das Ziel ehrgeiziger Intellektueller sein.

Doch sollte man eine solche Zukunft, in der es weniger um Wachstum als um Werte geht, nicht verklären. Immerhin werden nicht nur ökologisch und sozial Gesinnte sowie abenteuerlustige Freaks ihre Bekenntnisse als Unternehmer ablegen. Auch die Vertreter von Sekten und Inhaber extremer Ansichten sowie religiöse, weltanschauliche und politische Ideologen werden, entdecken, dass man mit Konsumprodukten Menschen besser beeinflussen und propagandistisch vereinnahmen kann als mit Pamphleten und Predigten.

Sie werden kapieren, dass jemand, der ein hochwertiges Produkt kauft, sich trotz der dafür entrichteten Summe noch beschenkt oder zumindest freundlich behandelt und daher zu einer Art von Gegengabe verpflichtet fühlt. Und warum sollte diese nicht in der Zustimmung zu einer Ansicht oder einem Programm bestehen? Wer es also schafft, eine Ideologie mit professionellen Produkten zu verknüpfen, kann sehr viel erreichen und Menschen für sich gewinnen, die sonst immer skeptisch geblieben wären. Tatsächlich dürften zu allen Zeiten nur wenige Menschen intellektuell von einer Ideologie überzeugt worden sein, sehr viele jedoch, weil sie jemandem dankbar waren, der diese vertrat.

Die von der Konsumkritik der 1960er und 70er Jahre so gerne behauptete Manipulation des Konsumenten wird in großem Stil also erst beginnen, wenn die diversen Weltanschauungen ernst machen mit dem Missionieren. Auf dem Weg des Konsums wird es zu einer großen Reideologisierung der Gesellschaft kommen; das von den vielen semantischen Übertreibungen ermöglichte ironische, ästhetisch-verspielte oder reflektiert-freie Verhalten gegenüber Produkten wird hingegen an Stellenwert verlieren. Dafür werden an den ›Points of Sale‹ Kämpfe über Welt- und Menschenbilder ausgefochten. Supermärkte werden nicht mehr alle Anbieter eines Produkttyps listen, sondern sich für die Marken entscheiden, die zu ihrer jeweils eigenen ideologischen Ausrichtung passen. Ihre Rolle wird ähnlich der sein, die heute ein großes Magazin bekleidet, für das zahlreiche Redakteure sowie freie Autoren gleichzeitig schreiben.

Jeder, der nach Macht strebt, wird zuerst ein Label gründen, neue Produkte ersinnen und zugleich Boykottaufrufe gegen Marken starten, die andere Werte vertreten. Revolutionäre werden nicht mehr nur Rundfunkstationen zu besetzen haben, sondern erst recht das Warensortiment in Kühlregalen und Drogeriemärkten austauschen müssen. In geheimen Labors wird geforscht, wie sich Produkte und Images noch besser mit bestimmten Werten oder Ideen verknüpfen lassen. Man wird Strategien entwickeln, wie Duschgels, Fahrradhelme oder Handys vermarktet werden müssen, um propagandistisch besonders wirksam zu sein. Eine künftige Diktatur wird also mit Hilfe von Imageredakteuren und Produktdesignern errichtet werden.

Spätestens dann aber wird man auch den Zeiten des reinen Kapitalismus nachtrauern, als die meisten Unternehmen und Branchen noch nicht werteorientiert waren. Doch schon zuvor wird man sich, zumindest in Momenten, in denen man erschöpft ist von den ideologischen Auseinandersetzungen, die mit jedem Konsumakt einhergehen, daran erinnern, wie man früher, in der guten alten monokapitalistischen Zeit, einfach nur wählte, was halbwegs zu einem passte, aber nicht damit rechnen musste, zum Zielobjekt von Propaganda zu werden. Und man wird es im schlimmsten Fall vielleicht sogar elegant finden, dass Produzenten es sich leisten konnten, kein anderes Interesse zu haben als das eine und einzige, möglichst viel und immer noch mehr Geld zu verdienen.

»Es ist auch deswegen in Ordnung, daß der Mensch endlich stirbt, er soll sich schon deswegen gern darein fügen, weil sich mit der Zeit gar zu viel Sach um ihn ansammelt. Man erfährt das so recht bei einem Umzug. Nicht nur Bücher – Briefe, Blätter, Blättchen, Zeitungsnummern, Büchsen, Schachteln, Salben, Pulver, tausend Geräte. Wie oft, alter Narr, willst du die alte Papiertüte hinten in der Schubladenecke noch einmal hervorziehen, öffnen, finden, daß ein Rest Holder- oder Wollblumentee darin steckt, dich besinnen, ob du ihn wegwerfen willst, ihn noch einmal behalten? – Mach, geh fort, nimm Abschied auf einmal von all dem Quark!«

Friedrich Theodor Vischer: *Auch Einer* (1879)

Dank

Dieses Buch fasst mehr als fünfzig Vorträge zusammen, die ich zwischen 2007 und 2012 zu Themen der Konsumtheorie gehalten habe. An Hochschulen, vor Verbänden, bei Symposien, in Zeitschriftenredaktionen, Schulen, Theatern, Kunstvereinen, Unternehmen und Museen durfte ich die hier vorgestellten Thesen erproben. Oft reiste ich dabei mit einem Set von zehn bis zwanzig Duschgels an: Musterprodukte, an denen sich fast alles veranschaulichen lässt, was mir zur Charakteristik der heutigen Konsumkultur wichtig erscheint.

Eigens hervorheben möchte ich eine über fünf Semester, von 2010 bis 2012, sich erstreckende Folge von Vorlesungen, die ich an der Staatlichen Hochschule für Gestaltung in Karlsruhe halten konnte. Dort war ich im Rahmen eines der Professionalisierung von Bürgern gewidmeten Studiengangs für die Ausbildung von ›Diplom-Konsumenten‹ zuständig.

Einige Passagen dieses Buches sind bereits an anderer Stelle veröffentlicht, oft in ersten Anläufen für eine Kolumne zum Thema ›Warenkunde‹, die ich zwischen Juni 2006 und März 2009 für die *taz* verfassen durfte, zum Teil auch in Sammelbänden zu Symposien oder Vortragsreihen. Sämtliches Material wurde jedoch für diesen Band neu gefasst.

Ich danke allen, die mich zu Vorträgen, Vorlesungen oder Texten eingeladen haben, ferner allen, die mir mit kritischen Fragen oder Anmerkungen dabei halfen, nicht zu früh mit den eigenen Überlegungen zufrieden zu sein.

Namentlich bedanken möchte ich mich bei Moritz Baßler, Bazon Brock, Heinz Drügh, Hans-Georg Füger, Markus Gatzen, Moritz Gekeler, Tobias Glaser, Walter Grasskamp, Hans Peter Hahn, Rupert Hofmann, Daniel Hornuff, Tina Klopp, Susanne Müller-Wolff, Michaela Pfadenhauer, Birgit Richard, Daniela Roth, Stephanie Senge und Sibylle Springer.

Februar – November 2012

Anmerkungen

1 Hermann Muthesius: ›Die moderne Umbildung unserer ästhetischen Anschauungen‹, in: Ders.: *Kultur und Kunst*, Jena 1909, S. 39–75, hier S. 46, 67, 68, 74.

2 Wolfgang Fritz Haug: *Kritik der Warenästhetik*, Frankfurt/Main 1971, S. 7.

3 Ders.: ›Probleme der Vermittlung der Kritik der Warenästhetik‹, in: Ders. (Hg.): *Warenästhetik. Beiträge zur Diskussion, Weiterentwicklung und Vermittlung ihrer Kritik*, Frankfurt/Main 1975, S. 263–277, hier S. 265.

4 Naomi Klein: *No Logo! Der Kampf der Global Players um Marktmacht. Ein Spiel mit vielen Verlierern und wenigen Gewinnern*, Pößneck 2001, S. 81f.

5 Florian Illies: *Generation Golf. Eine Inspektion*, Berlin 2000, S. 145.

6 Max Imdahl: ›Barnett Newman. Who's afraid of red, yellow and blue III‹ (1971), in: Ders.: *Zur Kunst der Moderne*, Gesammelte Schriften, Bd. I, Frankfurt/Main 1996, S. 244–273, hier S. 248.

7 Vgl. Benvenuto Cellini: *Leben des Benvenuto Cellini, florentinischen Goldschmieds und Bildhauers*, Frankfurt/Main 1965, S. 285, 315.

8 Vgl. Marina Belozerskaya: ›Cellini's Saliera. The Salt of the Earth at the Table of the King‹, in: Margaret A. Gallucci/Paolo L. Rossi (Hgg.): *Benvenuto Cellini. Sculptor, Goldsmith, Writer*, Cambridge 2004, S. 71–96, hier S. 84f.

9 Ebd., S. 85ff.

10 Wolfgang Fritz Haug, a.a.O. (Anm. 2), S. 62.

11 Heinrich Klotz: *Moderne und Postmoderne: Architektur der Gegenwart 1960-1980*, Braunschweig/Wiesbaden 1984, S. 134, 136, 156, 423.

12 Platon: *Politeia* (ca. 387 v. Chr.), Werke in acht Bänden, Bd. IV, Darmstadt 1971, 603a–608a.

13 Wolfgang Fritz Haug, a.a.O. (Anm. 2), S. 111, 120.

14 Benjamin Barber: *Consumed! Wie der Markt Kinder verführt, Erwachsene infantilisiert und die Demokratie untergräbt*, München 2007, S. 93.

15 Richard Sennett: *Die Kultur des neuen Kapitalismus*, Berlin 2005, S.124.

16 Wolfgang Fritz Haug: *Kritik der Warenästhetik. Überarbeitete Neuausgabe. Gefolgt von Warenästhetik im High-Tech-Kapitalismus*, Frankfurt/Main 2009, S.283.

17 Gotthard Heidegger: *Mythoscopia Romantica oder Discours von den Romanen*, Zürich 1698, repr. Bad Homburg 1969, S.70, 13, 49, 81.

18 Eva Illouz: ›Emotionen, Imaginationen und Konsum: Eine neue Forschungsaufgabe‹, in: Heinz Drügh/Christian Metz/Björn Weyand (Hgg.): *Warenästhetik. Neue Perspektiven auf Konsum, Kultur und Kunst*, Berlin 2011, S.47–91, hier S.81.

19 http://www.dooyoo.de/toaster/siemens-tt-91100/1501349/.

20 http://www.ciao.de/Yves_Rocher_Creme_Duschbad_mit_Kokosmilch__Test_3003817.

21 http://www.ciao.de/Weleda_Citrus_Erfrischungsdusche__Test_3111508.

22 http://www.ciao.de/Duschdas_Snow_Star__Test_2143739.

23 Catherine Perret: ›Einleitung‹, in: Jean-Baptiste Joly/Catherine Perret/Julia Warmers (Hgg.): *Fetisch + Konsum*, Stuttgart 2009, S.27–32, hier S.32.

24 Gotthard Heidegger, a.a.O. (Anm. 17), S.41f.

25 Vgl. Barry Schwartz: *Anleitung zur Unzufriedenheit. Warum weniger glücklicher macht*, Berlin 2004.

26 Johann Adam Bergk: *Die Kunst, Bücher zu lesen nebst Bemerkungen zu Schriften und Schriftstellern*, Jena 1799, S.65, 64, 63, 67.

27 Friedrich Schiller: *Über die ästhetische Erziehung des Menschen in einer Reihe von Briefen* (1795), in: Nationalausgabe, Bd. 20, hrsg. v. Benno von Wiese, Weimar 1962, S.382, 399.

28 Vgl. Rainer Wick: »Der frühe Werkbund als ›Volkserzieher‹«, in: *100 Jahre Deutscher Werkbund 1907 | 2007*, Katalog Architekturmuseum der TU München in der Pinakothek der Moderne, München 2007, S.51–56.

29 Kai-Uwe Hellmann: *Fetische des Konsums. Studien zur Soziologie der Marke*, Wiesbaden 2011, S.204.

30 Vgl. Han Fei Zi: *Wai Chu Shuo Zuo Shang* (um 250 v. Chr.), auf: http://chinesestoryonline.com/idiom-story/325-mai-du-huan-zhu.html. – Für den Hinweis danke ich Zhi Yang und Jianwei Tian.

31 Martin Lindstrom: ›Making Sense: Die Multisensorik von Produkten und Marken‹, in: Hans-Georg Häusel (Hg.): *Neuromarketing. Erkenntnisse der Hirnforschung für Markenführung, Werbung und Verkauf*, Planegg 2007, S.157–169, hier S.160.
32 Kristof Magnusson: *Das war ich nicht*, München 2010, S.102f. – Für den Hinweis danke ich Daniela Roth.
33 Ulrich Heinen: *Rubens zwischen Predigt und Kunst. Der Hochaltar für die Walburgenkirche in Antwerpen*, Weimar 1996, S.76.
34 http://www.beautesse.at/Duft/Damenduefte/pureDKNY-Verbena.html.
35 Vgl. Stefan Kuzmany: *Gute Marken, böse Marken. Konsumieren lernen, aber richtig!*, Frankfurt/Main 2007, S.157–183.
36 Zygmunt Bauman: *Leben als Konsum*, Hamburg 2009, S.114, 127.
37 Vgl. Wolfgang Ullrich: *Habenwollen. Wie funktioniert die Konsumkultur?*, Frankfurt/Main 2006, S.164–170.
38 Vgl. Eva Heller: *Wie Farben auf Gefühl und Verstand wirken*, München 2000, S. 48.
39 Norbert Bolz: *Das konsumistische Manifest*, München 2002, S.99.
40 Aristoteles: *Rhetorik*, 1408a.
41 Marcus Tullius Cicero: *Orator*, XXI, 70f.
42 Florian Illies: *Generation Golf zwei*, München 2003, S.164, 135.
43 Judith Levine: *No Shopping! Ein Selbstversuch*, Köln 2007, S.37, 36, 49.
44 Vgl. Grant McCracken: *Culture and Consumption*, Bloomington 1988, S.118–129.
45 Vgl. Elizabeth Shove/Matthew Watson/Martin Hand/Jack Ingram: *The Design of Everyday Life*, Oxford 2007, S.34f.
46 Judith Levine, a.a.O. (Anm. 43), S.49.
47 Arno Geiger: *Alles über Sally*, München 2010, S.90, 75.
48 Norbert Elias: *Über den Prozeß der Zivilisation* (1936), Bd. 1, Frankfurt/Main 1976, S. IX.
49 Ebd., S.171.
50 Ebd., S.141.
51 Mimi Hellman: ›Furniture, Sociability, and the Work of Leisure in Eighteenth-Century France‹, in: *Eighteenth-Century Studies* 32/4 (1999), S.415–445. – Für den Hinweis danke ich Simon Bieling.
52 Norbert Elias, a.a.O. (Anm. 48), Bd. 2, S.328f.
53 Ebd., S.325f.

54 Daniel Miller: *Der Trost der Dinge* (2008), Berlin 2010, S. 9.
55 Ebd., S. 48.
56 Ebd., S. 207f.
57 Arnold Stadler: ›Die Kirche sollte im Dorf bleiben‹, in: *Die Tageszeitung*, 15. April 2006 (auf: http://www.taz.de/1/archiv/archiv/?dig=2006/04/15/a0124). – Für diesen Hinweis danke ich Daniela Roth.
58 Judith Levine, a.a.O. (Anm. 43), S. 49.
59 Norbert Bolz: ›Die frommen Atheisten‹, in: *Schweizer Monatshefte* 981 (2010) [http://www.schweizermonatshefte.ch/subscription_visitor/die-frommen-atheisten].
60 Walter F. Otto: *Die Götter Griechenlands. Das Bild des Göttlichen im Spiegel des griechischen Geistes*, Frankfurt/Main 1947, S. 222, 167.
61 Vgl. Homer: *Odyssee* XVIII, 195f.
62 Ders.: *Ilias* V, 2ff.
63 Bruno Snell: *Die Entdeckung des Geistes. Studien zur Entstehung des europäischen Denkens bei den Griechen*, Hamburg 1946, S. 47.
64 Walter F. Otto, a.a.O. (Anm. 60), S. 182.
65 Werner Heisenberg: *Der Teil und das Ganze*, München 1973, S. 112f.
66 Robert Pfaller: *Das schmutzige Heilige und die reine Vernunft. Symptome der Gegenwartskultur*, Frankfurt/Main 2008, S. 69f.
67 Paul Veyne: *Glaubten die Griechen an ihre Mythen? Ein Versuch über die konstitutive Einbildungskraft* (1983), Frankfurt/Main 1987, S. 29.
68 Georg Wilhelm Friedrich Hegel: *Vorlesungen über die Ästhetik* I, Frankfurt/Main 1986, S. 297.
69 http://www.ciao.de/Milka_Geborgenheit__Test_3050520.
70 http://www.ciao.de/Milka_Geborgenheit__Test_3054114.
71 http://www.ciao.de/Adelholzener_Active_O2__Test_1939114.
72 http://www.ciao.de/Adelholzener_Active_O2__Test_1973410.
73 Vgl. Irving Kirsch: ›Specifying Nonspecifics: Psychological Mechanisms of Placebo Effects‹, in: Anne Harrington (Hg.): *The Placebo Effect. An Interdisciplinary Exploration*, Cambridge/Mass. 1997, S. 166–186.
74 Gerald Zaltman: *How Costumers Think. Essential Insights into the Mind of the Market*, Boston 2003, S. 60.
75 Martin Lindstrom: *Brand Sense. Build Powerful Brands through Touch, Taste, Smell, Sight, and Sound*, New York 2005, S. 197.

76 Vgl. Baba Shiv/Ziv Carmon/Dan Ariely: ›Placebo Effects of Marketing Actions: Consumers May Get What They Pay For‹, in: *Journal of Marketing Research*, XLII/4 (2005), S.383–393.
77 Hanns Bächtold-Stäubli/Eduard Hoffmann-Krayer (Hgg.): *Handwörterbuch des deutschen Aberglaubens*, Bd. 2, Berlin 1930, Sp. 1313 (Lemma ›feilschen‹).
78 Ebd., Bd. 1, Berlin 1927, Sp. 833 (Lemma ›Bad, baden‹).
79 Judith Levine, a.a.O. (Anm. 43), S.13.
80 Ebd., S.14.
81 Mark Boyle: *Der Mann ohne Geld. Meine Erfahrungen aus einem Jahr Konsumverweigerung* (2010), München 2012, S.322.
82 Vgl. Anja Fell: *Placebo-Effekte im Marketing*, Wiesbaden 2010.– Ayla Özhan Dedeoğlu/Yeliz Ayangil: ›Does Brand Image Result in Placebo Effect? An Experimental Study on Soft Drinks‹, in: *Ege Academic Review*, IX/1 (2009), S.61–72.
83 Vgl. Anja Fell, a.a.O. (Anm. 82).
84 Vgl. Caglar Irmak/Lauren G. Block/Gavan J. Fitzsimons: ›The Placebo Effect in Marketing: Sometimes You Just Have to Want It to Work‹, in: *Journal of Marketing Research* XLII /4 (2005), S.406–409.
85 Vgl. Wolfgang Ullrich: ›Ikonen des Kapitalismus – Moderne Kunst zwischen Markt und Transzendenz‹, in: Ders.: *An die Kunst glauben*, Berlin 2011, S.90–113.
86 Bazon Brock: ›Zu einer Kultur diesseits des Ernstfalls und ihren Klinkenputzern‹ (1983), in: Ders.: *Die Re-Dekade. Kunst und Kultur der 80er Jahre*, München 1990, S.125–298, hier S.165.
87 Neil Boorman: ›Ich habe jetzt viel mehr Sex‹, in: *Stern-Journal* 41/2007, S.46–48, hier S.48.
88 Ders.: ›Brandschrift‹, in: *Financial Times Deutschland*, 5. Oktober 2007, S.1f., hier S.2.
89 Ders., *Goodbye, Logo. Wie ich lernte, ohne Marken zu leben*, Berlin 2007, S.52.
90 Ebd., S.189.
91 Ebd., S.37.
92 Ebd., S.46.
93 Ebd., S.188.
94 Vgl. Tyler Cowen: *In Praise of Commercial Culture*, Cambridge 1998.
95 David Wagner: *Vier Äpfel*, Reinbek 2009, S.115.

96 Vgl. http://www.bptk.de/uploads/media/20120606_AU-Studie-2012.pdf.

97 Zit. nach: Joachim Radkau: *Das Zeitalter der Nervosität. Deutschland zwischen Bismarck und Hitler*, München 1998, S. 100.

98 Alain Ehrenberg: *Das erschöpfte Selbst. Depression und Gesellschaft in der Gegenwart* (1998), Frankfurt/Main 2008, S. 20.

99 Ebd., S. 306.

100 http://www.binauralbeats.de/produkte/motivation-energie.

101 Vgl. Ehrenberg, a.a.O. (Anm. 98), S. 252.

102 Susan Sontag: *Krankheit als Metapher. Aids und seine Metaphern* (1977/88), Frankfurt/Main 2005, S. 84ff.

103 Vgl. Werner Bartens: ›Du bist Dreck. Volkssport Fasten‹, in: *Süddeutsche Zeitung*, 27. Dezember 2011 (http://www.sueddeutsche.de/gesundheit/fasten-du-bist-dreck-1.1088563).

104 Rudolf Steiner: ›Nervosität und Ichheit‹ (1912), in: Ders.: *Erfahrungen des Übersinnlichen. Die drei Wege der Seele zu Christus*, Dornach 1994, S. 9–28, hier S. 10f.

105 Vgl. http://www.weleda.de/Unternehmen/UeberWeleda/Geschichte.

106 Vgl. Lothar Gassmann: *Rudolf Steiner und die Anthroposophie*, Holzgerlingen 2002, S. 140ff.

107 Bruce Chatwin: *Traumpfade* (1987), Frankfurt/Main 1995, S. 222.

108 Beat Wyss: *Der Wille zur Kunst. Zur ästhetischen Mentalität der Moderne*, Köln 1996, S. 98.

109 Wassily Kandinsky: *Über das Geistige in der Kunst* (1912), Bern 1956, S. 43.

110 *Greenpeace Magazin* 4/2007, S. 82.

111 *Grüne Erde: Inspiration. Der neue Wohn-Katalog 2007/08*, S. 2.

112 Vgl. Moritz Gekeler: *Konsumgut Nachhaltigkeit. Zur Inszenierung neuer Leitmotive in der Produktkommunikation*, Bielefeld 2012, S. 166–177.

113 Vgl. Wolfgang Ullrich, a.a.O (Anm. 37), S. 178ff.

114 Tanja Busse: *Die Einkaufsrevolution. Konsumenten entdecken ihre Macht*, München 2006, S. 30.

115 Vgl. Kendall J. Eskine: ›Wholesome Foods and Wholesome Morals? Organic Foods Reduce Prosocial Behavior and Harshen Moral Judgments‹, in: *Social Psychological and Personality Science*, Online-Publikation vom 15. Mai 2012, S. 1–5 (http://spp.sagepub.com/content/early/2012/05/14/1948550612447114).

116 Jens Jessen: ›Verboten. Rauchen, trinken, fliegen – überall sollen unsere Freiheiten eingeschränkt werden. Im Namen von Gesundheit und Umwelt eskaliert der Terror der Tugend‹, in: *Die Zeit* 13/2007, 22. März 2007.

117 Martin Tillich: ›Kampf gegen das Rauchen. Zigaretten: nach Schockbildern kommt jetzt die Marken-Zerstörung‹, in: *Magazin*, 14.7.2011, (http://www.utopia.de/magazin/kampf-gegen-das-rauchen-zigaretten-nach-schockbildern-kommt-jetzt-die-marken-zerstoerung-logofrei-australien-usa).

118 Tanja Busse: *Die Ernährungsdiktatur: Warum wir nicht länger essen dürfen, was uns die Industrie auftischt*, München 2010, S. 43.

119 Ebd., S. 56.

120 Kathrin Hartmann: *Ende der Märchenstunde. Wie die Industrie die Lohas und Lifestyle-Ökos vereinnahmt*, München 2009, S. 321.

121 Zum Begriff ›Konsumbürger‹ vgl. Wolfgang Ullrich, a.a.O. (Anm. 37), S. 38, 183–193.

122 Nico Stehr: *Die Moralisierung der Märkte. Eine Gesellschaftstheorie*, Frankfurt/Main 2007, S. 11.

123 Vgl. Ronald Hitzler/Michaela Pfadenhauer: ›Diesseits von Manipulation und Souveränität. Über Konsum-Kompetenz als Politisierungsmerkmal‹, in: Jörn Lamla/Sighart Neckel (Hgg.): *Politisierter Konsum – konsumierte Politik*, Wiesbaden 2006, S. 67–89.

124 Lizabeth Cohen: *A Consumer's Republic. The Politics of Mass Consumption in Postwar America*, New York 2003, S. 8.

125 Naomi Klein, a.a.O. (Anm. 4), S. 313.

126 http://www.cosmoty.de/news/1660/.

127 ›Polieren Sie täglich Ihre Schuhe‹, in: *Welt am Sonntag*, 18. März 2007.

128 Jonathan Fischer: ›Meine Bank ist größer als deine‹, in: *Süddeutsche Zeitung*, 9. Februar 2007.

129 Vgl. Susanne Fliegner: *Der Dichter und die Dilettanten. Eduard Mörike und die bürgerliche Geselligkeitskultur des 19. Jahrhunderts*, Stuttgart 1991.

130 Vgl. Kate Bingaman-Burt: *Obsessive Consumption. What did you buy today?*, New York 2010, S. 2.

131 Vgl. http://katebingamanburt.com/daily-purchase-drawings.

132 http://www.flickr.com/photos/aknacer/2453798492/.

133 Stand Januar 2013.

134 http://www.flickr.com/groups/moleskinerie/.

135 Vgl. http://www.flickr.com/photos/horselatitudes/2231169120.
136 Vgl. Wolfgang Ullrich: *Was war Kunst? Biographien eines Begriffs*, Frankfurt/Main 2005, S.31–54.
137 Vgl. http://www.guardian.co.uk/media/2011/aug/17/jersey-shore-situation-abercrombie-fitch.
138 Vgl. Rupert Hofmann: *Trend Receiver – qualifizierte Visionskraft*, Göttingen 2011.
139 http://www.dooyoo.de/brotaufstriche/nutella/1402315/.
140 http://www.ciao.de/Nutella__Test_8435378.
141 http://www.dooyoo.de/brotaufstriche/nutella/586169.
142 http://www.ciao.de/Nutella__Test_3142262.
143 Vgl. http://www.flickr.com/photos/foxtrot-romeo/2233774599.
144 Vgl. http://www.flickr.com/photos/16818323@N05/4292453777.
145 Vgl. Gerald Zaltman, a.a.O. (Anm. 74).
146 Vgl. Hubert Burda/Christa Maar (Hgg.): *Iconic Turn. Die neue Macht der Bilder*, Köln 2004.
147 Ludwig Wittgenstein: ›Vermischte Bemerkungen‹, in: Ders.: *Über Gewißheit*, Werkausgabe, Bd. VIII, Frankfurt/Main 1984, S.503.
148 Vgl. David Wagner, a.a.O. (Anm. 95).
149 Vgl. http://stephaniesenge.de. – Stephanie Senge: *Der starke Konsument. Ikebana als Wertschätzungsstrategie*, Nürnberg 2013.
150 Stephanie Senge: ›Ein starker Konsument muss wertschätzen‹, in: *Stephanie Senge. Konsumkonstruktivismus*, Katalog 18m Galerie, Berlin 2011, S.14f., hier S.14.
151 Vgl. z.B. http://www.youtube.com/watch?v=XGUppxoJUVg.
152 Mimi Hellman, a.a.O. (Anm. 51), S.428.
153 Vgl. Alexander García Düttmann: *Philosophie der Übertreibung*, Frankfurt/Main 2004. – Zum Arendt-Zitat vgl. ebd., S.148.
154 Vgl. Werner Sombart: *Liebe, Luxus und Kapitalismus. Über die Entstehung der modernen Welt aus dem Geist der Verschwendung* (1913), Berlin 1996, S.192f.
155 http://www.forbes.com/sites/chunkamui/2011/10/17/five-dangerous-lessons-to-learn-from-steve-jobs/.
156 Vgl. Marcus Tullius Cicero: *De finibus bonorum et malorum* V, 74.
157 *Das Lalebuch*, Stuttgart 1971, S.51.
158 Vgl. Tony Hsieh: *Delivering Happiness. A Path to Profits, Passion, and Purpose*, New York 2010.
159 Anita Roddick: *Die Body Shop Story*, München 2001, S.81.
160 Ebd., S.210, 214.

161 Ebd., S. 214f.
162 Ebd., S. 90.
163 Produktprospekt Patagonia, Herbst/Winter 2011, S. 22.

Alle in den Anmerkungen genannten Websites wurden zuletzt im November 2012 aufgerufen.

Bildnachweis

Wolfgang Ullrich bei Wagenbach

Tiefer hängen

Über den Umgang mit der Kunst

Noch heute ist unser Kunstbegriff höfisch geprägt; indem Ullrich seinen unorthodoxen Blick auf den Kunstbetrieb wirft, gelingt es ihm, wie in seinem bereits in drei Auflagen vorliegenden Buch »Mit dem Rücken zur Kunst«, unsere gängigen Vorstellungen gehörig zu unterwandern.

WAT 479. 192 Seiten. Originalausgabe

Uta von Naumburg

Eine deutsche Ikone

Die zwölf Naumburger Stifterfiguren galten seit den zwanziger und dreißiger Jahren des 20. Jahrhunderts als Inbegriff deutscher Kunst des Mittelalters. Vor allem die Figur der Markgräfin Uta begeisterte Kunsthistoriker und wurde ein Opfer der weihevollen Sinnsucher.

»Wolfgang Ullrich ist ein glänzendes und kenntnisreiches Stück kultureller Rezeptionsgeschichte gelungen.« Karen Lütge, Neue Zürcher Zeitung

WAT 523. 192 Seiten. Mit zahlreichen Abbildungen

An die Kunst glauben

Kunst und Religion: ein altes Thema und, wie Wolfgang Ullrich zeigt, eine höchst aktuelle Geschichte über Glauben, Skepsis, Konkurrenz, Kritik und Markt.

»Erfrischend provokante Fragen an den Kunstbetrieb vom Enfant terrible der Kunstkritik.« Oliver Pfohlmann, Neue Zürcher Zeitung

WAT 673. 176 Seiten

Gesucht: Kunst!

Das Phantombild eines Jokers

Moderne Kunst findet großen Zuspruch. Doch was steckt hinter der Begeisterung ihrer Betrachter und Käufer, was löst sie aus? Unerschrocken beharrt Wolfgang Ullrich auf dieser Frage.

WAT 577. 304 Seiten. Mit Abbildungen

Die Geschichte der Unschärfe

Warum sind Bilder populär, auf denen kaum etwas zu erkennen ist? Der Kulturwissenschaftler Wolfgang Ullrich geht in seinem hochinteressanten Buch zurück bis ins 19. Jahrhundert, wo die Unschärfe als Stilmittel erstmals auftaucht.

WAT 626. 192 Seiten. Mit zahlreichen, z.T. farbigen Abbildungen

Raffinierte Kunst

Übung vor Reproduktionen

Nachdem Wolfgang Ullrich in mehreren Büchern die Entleerung des Kunstbegriffs kritisch betrachtet hat, ist er diesmal voll des Lobes: Er würdigt die Reproduktion, die häufig eine Weiterentwicklung und Vollendung des Originals ermöglicht.

KKB. 160 Seiten. Gebunden. Mit zahlreichen, teilweise farbigen Abbildungen

Mit dem Rücken zur Kunst

Die neuen Statussymbole der Macht

Wolfgang Ullrich untersucht die merkwürdigen Folgen und Nebenwirkungen eines allzu hohen Kunstbegriffs.

Wo Führungskräfte sich noch vor zwanzig Jahren in gediegenem Mobiliar und mit ebenso gediegenen Ölgemälden abbilden ließen, stehen sie heute vor moderner Kunst.

Moderne Kunst im Umfeld von Geld und Macht: Wie konnte sie zu einem der wichtigsten Statussymbole unserer Zeit werden? Und was sagt dies über die Kunst selbst aus – sowie über diejenigen, die sich ihrer bedienen?

KKB. 128 Seiten. Gebunden. Mit vielen, teilweise farbigen Abbildungen

Bilder auf Weltreise

Eine Globalisierungskritik

Wie werden Bilder bei uns verstanden, und wie in der Fremde? Welche Macht üben sie aus und welche Folgen hat das für die Bilder?

»Ullrich schreibt anschaulich, er formuliert elegant, pointiert, präzise und ohne die für das Genre so typische hysterische Emphase.«

Christian Demand, Bayerischer Rundfunk

KKB. 144 Seiten. Gebunden. Mit vielen Abbildungen

Kulturgeschichte bei Wagenbach

Gunnar Schmidt Weiche Displays

Projektionen auf Rauch, Wolken und Nebel

Bühnennebel, Laserinstallationen, Lichtarchitekturen, Himmelsschriften – Gunnar Schmidt öffnet uns die Welt der flüchtigen Bilder und erklärt die wachsende Begeisterung für Medienkunst: statt einfacher Betrachtung ein Erlebnis mit allen Sinnen.

KKB. 160 Seiten. Gebunden. Mit sehr vielen Abbildungen

Beatriz Preciado Pornotopia

Architektur, Sexualität und Multimedia im ›Playboy‹

»Eine lohnende Lektüre, die Einblick gewährt in die Architektur männlicher Lust und die Libido des Kapitalismus.« Svenja Flaßpöhler, Philosophie Magazin

KKB. 168 Seiten. Gebunden. Mit sehr vielen Abbildungen

Andreas Tönnesmann
Monopoly: Das Spiel, die Stadt und das Glück

Tönnesmann enthüllt das Geheimnis des erfolgreichsten Gesellschaftsspiels aller Zeiten: Idealstadtmodelle und moderne Utopien werden auf simple und massentaugliche Regeln reduziert. Wer Monopoly gewinnen will, muss seine gute Erziehung vergessen und den Instinkten freien Lauf lassen.

KKB. 144 Seiten. Gebunden. Mit sehr vielen Abbildungen

Walter Grasskamp Das Cover von Sgt. Pepper

Eine Momentaufnahme der Popkultur

»Sgt. Pepper's Lonely Hearts Club Band«, die 1967 erschienene Langspielplatte der Beatles, zählt zu den erfolgreichsten Schallplatten der Musikgeschichte: nicht zuletzt wegen des Covers, das als ebenso innovativ und originell wahrgenommen wurde wie die Musik und das gesamte Konzept des Pop-Albums.

KKB. 136 Seiten. Gebunden. Mit sehr vielen Abbildungen